陈红民　赵晓红　徐　亮　钟　健　著

抗战为什么赢

中国人民伟大的抗日战争

江苏人民出版社

图书在版编目（CIP）数据

抗战为什么赢：中国人民伟大的抗日战争 / 陈红民

等著. — 南京：江苏人民出版社，2025.6（2025.10 重印）. — ISBN
978-7-214-30601-2

Ⅰ. K265.09

中国国家版本馆 CIP 数据核字第 2025TG0594 号

书　　　名	抗战为什么赢:中国人民伟大的抗日战争
著　　　者	陈红民　赵晓红　徐　亮　钟　健
责 任 编 辑	康海源
装 帧 设 计	赤　祥
责 任 监 制	王　娟
出 版 发 行	江苏人民出版社
地　　　址	南京市湖南路 1 号 A 楼,邮编:210009
照　　　排	江苏凤凰制版有限公司
印　　　刷	南京新洲印刷有限公司
开　　　本	890 毫米×1 240 毫米　1/32
印　　　张	9
字　　　数	177 千字
版　　　次	2025 年 6 月第 1 版
印　　　次	2025 年 10 月第 3 次印刷
标 准 书 号	ISBN 978-7-214-30601-2
定　　　价	45.00 元

（江苏人民出版社图书凡印装错误可向承印厂调换）

抗日战争是一场双方国力悬殊的交战：日本处心积虑侵华，趾高气扬。中国被迫抗战，困苦艰难。但是，决定战争胜败的因素很多，先出手的强者，未必是最后的胜者。

目　录

第一章　中国的局部抗战(1931—1937)

一、日本走上对外扩张之路

　　古代农业社会时期,中国高度发展的政治、经济、文化,在周边国家中一枝独秀。日本等邻国在中国最强盛时期,多次通过派出"遣唐使"等方式向中国学习。中日两国作为近邻,虽有过冲突,但更多的是和平相处。进入近代后,日本通过明治维新强国,企图取得称霸亚洲的地位,走上了不断侵略中国及其他亚洲国家之路。

1. 步步入侵中国

　　曾几何时,日本和中国同样面临着被西方入侵,几乎沦为半殖民地的命运险境。然而短短几十年内,日本经过明治维新,迈向现代化国家道路,不仅成功挑战中国,而且打败了欧洲强国俄国。被胜利冲昏头脑的日本,野心膨胀到居然想要称霸世界。日本将中国视为实现其野心道路上的垫脚石,它构想的"蓝图"是:欲征服世界,必先征服中国,欲征服中国,必先占领"满蒙"。

　　1894 年,日本对华发动了蓄谋已久的甲午战争,貌似强大的中国被日本打败。日本利用《马关条约》,向中国勒索了巨额赔款,并以此赔款再大力扩张军备。几年后,日本竟一跃成为八国联军主力,首次取得了与西方列强在华"并驾齐驱"的地位,终于实现了明治维新以来梦寐以求的"脱亚入欧"战略,并进而实施"入欧侵亚"的政策。

日本冒险发动甲午战争,企图独占朝鲜,占领中国东北,与同样觊觎朝鲜、中国东北的俄国之间的矛盾日益激化。

1904年,日本偷袭驻在旅顺港的俄国舰队,日俄战争爆发。战争以日本获胜,双方签订《朴次茅斯和约》而告结束。通过条约,日本攫取了中国东北地区所谓的"南满特殊权益",确立了在东北亚的霸权地位。战争结束后,日本人认为,"豁出国命与俄国前后作战十八个月,牺牲十万生灵和二十亿国币,才将俄国逐出南满洲",得到其支配权,所以对中国"满蒙"地区具有不寻常的"感情",逐渐将中国东北视为禁脔,类似"满洲是日本付出20万国民鲜血之代价换来的"这样的言论,成了一些日本人的口头禅。

1914年6月,第一次世界大战爆发后,日本即趁西方列强无暇东顾之际,以英日同盟为幌子,积极开展参战活动,企图抓住千载难逢的机会,推行其"大陆政策"。日本加紧部署对德作战,制定进攻中国青岛的方案。北洋政府先后试图努力通过宣告中立、谋划和平收回胶澳租借地,甚至与英日共同参加对德战争等方案,来避免山东危机,但均遭失败。日本驻华公使日置益照会中国外交部,蛮横无理地声称:"胶州湾问题与中国无关,日本希望中国政府对此问题持绝对消极立场。"8月15日,日本向德国发出最后通牒,要求德国将胶

澳租借地无条件交给日本。德国予以拒绝,日本遂于 8 月 23
日对德宣战。9 月 2 日,日军突然在山东龙口和莱州附近登
陆,并趁机占领了胶济铁路,不但破坏了中国的中立地位,而
且严重侵犯了中国的主权。袁世凯在会议上直接问陆军总
长段祺瑞:"为保卫国土,军队可以采取哪些行动,可以抵抗
多久?"段回答:"武器弹药困难,只能抵抗四十八小时。"无奈
之下,袁世凯采取一边抵制、一边让步的政策对日进行交涉。
当双方还在围绕山东问题进行交涉之际,日本方面突然于
1915 年 1 月 18 日向中国提出了"二十一条"。

　　"二十一条"的主要内容是:日本继承德国在山东省的一
切权益;要求"南满"以及东部内蒙古的特权,旅顺、大连租期
与"南满"铁路经营权之展期;中日合办汉冶萍公司;中国沿
海港湾岛屿之不割让;聘用日本顾问技师等。日德战争甫经
解决,日本即提出旨在灭亡中国的"二十一条"。由此可见,
日本对德宣战并非仅仅是为占领胶州湾,其根本目的是借此
机会为根本解决中国问题开辟道路,实现独霸中国的野心。
日本担心西方列强的干涉,要求中国保守秘密。袁世凯对
于日本"动辄视中国如狗彘或奴隶"的要求相当激愤,授意
中国代表团将"二十一条"内容和会谈情况故意透露给国
内报馆和美英新闻媒体,从而给日本造成压力,迫使其不
得不做出一些让步。5 月 8 日,日置益对华发出最后通牒,
要求中国接受除了第五号内容以外的"二十一条"全部内
容。袁世凯虽心有不甘,但于 9 日被迫接受。这一天后来
被定为"国耻纪念日"。

图1-1 1915年签署"二十一条"时中日代表合影。左起(中方):
外交次长曹汝霖、外交总长陆徵祥、秘书施履本;(日方)参赞小幡
西吉、驻华公使日置益、书记官参赞高尾

　　"二十一条"的签订,极大激怒了中国人民,全国各地掀起了更为猛烈的反日、反袁斗争。1919年1月,第一次世界大战战胜国在法国巴黎召开"和平会议"。中国以战胜国身份参加和会,提出取消列强在华的各项特权、取消"二十一条"等正义要求。但帝国主义列强拒绝了中国的要求,竟然将德国在中国山东的权益转让给日本。此消息传到中国后,激起了中国人民的强烈反对,最终激起青年学生的五四运动。5月4日,北京高校的3000多名学生代表冲破军警阻挠,云集天安门广场。他们打出"誓死力争,还我青岛""收回山东权利""拒绝在巴黎和约上签字""废除二十一条""外争主权,内除国贼"等口号。

　　1919年5月19日,北京各校学生同时宣布罢课。天津、上海、南京、杭州、重庆、南昌、武汉、长沙、厦门、济南、开封、太原等地学生，也先后宣告罢课，以支持北京学生的斗争。6月5日，上海工人开始大规模罢工，以响应学生。面对强大的社会舆论压力，中国代表没有在和约上签字。五四运动成为中国现代历史的重要里程碑。

1923年，在中国人民的强烈要求下，北洋政府宣布废除与"二十一条"有关的各种文件。

第一次世界大战结束后，因为欧洲各国经济不景气，日本亦陷入金融恐慌、经济危机加深状态。为了向中国大陆开辟商品市场，并输出资本，日本对华政策的重点在于巩固并扩张其在"满蒙"的权益。1920年代末，日本军部不断进行关于中国"满蒙问题"的探讨，认为中国的兵力根本"不值一提"，用半年时间便可以完成对中国的备战。军方还分析认为，对中国来说，"满蒙"地区乃"外化之地"，所以不会"投入国力"，拼死一战。而西方列强虽会反对日本侵占"满蒙"，但各有顾忌，不至于会武力干涉。基于这样的形势判断，日本陆军商定了"占领满蒙"的方针。

随着国民革命军的北伐和中华民族的觉醒，已视东北为囊中之物的日本统治者颇感威胁。以1927年4月"南京事件"为契机，标榜"强硬外交"的日本陆军大将田中义一上台组阁。田中内阁成立不久，便于6、7月间召开"东方会议"，参加会议的都是所谓"中国通"的外交及军政要人。此次会议上确立了日本侵华的指导性政策，简言之，即要干涉中国内部事务，反对中国的统一，攫取中国东北。

针对当时国民革命军挥师北伐，统一中国的形势，田中内阁采取反对和敌视态度。为了霸占东北,田中打算在中国造成蒋介石统治长城以南、张作霖统治长城以北的局面,即使中国处于分裂状态。1928年4月,蒋介石指挥北伐军一路所向披靡,进入鲁南,张作霖则军事上不断失利,从长江流域退到黄河北岸。为了阻挠北伐军进入华北和统一东北,田中内阁决定不惜出兵来阻止北伐进程,4月起,日本海军竟在青岛登陆,而在青岛的日本陆军亦即开进济南。

5月3日,日本军队以"保护侨民"为借口,突然对驻扎在济南的北伐军发起了大规模的军事攻击,并对平民实施了惨无人道的烧杀劫掠,造成中国军民死亡6123人,伤1700多人,并对中国妇女实施奸淫,造成了骇人听闻的"五三惨案"。

5月3日凌晨,在睡梦中的北伐军总司令蒋介石被电话叫醒,南京国民政府外交部长黄郛说他在日本司令部,要蒋赶快派汽车去接他。

蒋介石感到奇怪,问黄郛大半夜怎么跑去日本司令部了呢? 黄郛说日军包围了他住的交涉署,他去日本司令部交涉,本以为可以通过他认识的日军司令官、第六师团长福田彦助,对其晓以利害,结果连参谋副官都没见着,日军反而要他在一份文件上签字。文件上说当天是北伐军要来抢日本人的东西,打日本人,所以才起冲突的。黄郛当然不肯在混淆是非的文件上签字,日本人就拿出手枪摆在桌上,说:"除非你不要命,要命就要签字!"黄郛回答:"我是中国外交部长,你们不能这样无礼。"日本人蛮横地叫嚣:"我不晓得你是什么东西,哪里认识你是外交部长。"黄郛没有办法,被迫在文件上批了一个"阅"字,才被放回来。日军明知道黄郛是国民政府的外交部长,却仍对其肆意侮辱。

日本包围北伐军交涉署,抢夺文件。山东特派交涉公署交涉员蔡公时(曾留学日本)表示严重抗议。日本军官竟然要他跪下来,蔡公时严词拒绝。日本人就用手枪打死蔡的一个同伴,再问蔡跪不跪。他坚决不跪。他们又再打死了一个中国人,再问他跪不跪。待到十几个中国人一个个都被日军打死了,蔡特派员仍不跪。日本军官又叫两个兵拿枪来敲他两腿,使他跪下来,把他的脚膀都敲断了,最后倒下。蔡公时大骂"日本军阀",日军惨无人道地剪掉了他的舌头,剜去他的双眼,割掉他的鼻子,再用手枪打死他。按照国际法,两国相战不斩来使,但日军却野蛮残暴地杀害了中国外交官。

图1-2　1928年5月3日上午,蔡公时(前排左六)与山东交涉署工作人员合影。当晚,蔡公时及16名工作人员即遭日军杀害

交涉过程中,福田彦助竟然倒打一耙,说是中国军队违背声明,给日军及日侨造成了损害,荒谬地提出中国军队"须

在日军阵前解除武装""严禁一切反日宣传"等无理要求。北伐军方面据理力争,并对进攻的日军予以还击。在双方力量悬殊的情况下,国民党中央为了完成北伐统一,决定采取隐忍妥协的方针,绕城北上,避免与日军直接冲突。5月9日,北伐军奉命撤出济南,绕道北上。日军开进济南城。

在北伐军试图渡过黄河时,日军曾分股前来袭击,以图阻挠,但是北伐军坚持冒险强渡,到达北岸,继续进军华北,使日军阴谋落空。6月上旬,北伐军开进北京,15日,南京国民政府正式宣告南北"统一告成"。

蒋介石认为,济南惨案是日本加给中国的"国耻"、"军耻"与"民耻"。从此之后,他日记中每天都要先写下"雪耻"二字,一直坚持几十年,可见此次惨案对蒋介石的刺激之深。

2. 皇姑屯事件

日本制造济南惨案,并未能阻止国民革命军北伐的进程。田中内阁为了确保东北,逼迫在军阀混战中入驻关内的张作霖尽快退回东北。张作霖时任中华民国海陆军大元帅,是北京政府的主宰,面临来势汹汹的北伐军,不得不收缩华北防御。但张并不想退回关外,反倒希望借助日本支持,继续留在关内。日本则趁机进一步索要在东北的权益,要求铁路筑路权,要求张承认"商租权"和"营业权"等。张作霖不甘完全沦为日本的傀儡,对日本的苛刻要求也不敢完全接受,表示不能做"叫子子孙孙抬不起头的事情"。日本和张作霖之间的矛盾日益加剧。

针对如何统治东北,使"满蒙"同中国本土分离的问题,日本统治集团内部分成了两派意见:一派主张用"内科方法",即对张作霖行贿和恫吓兼施,逼他就范;一派主张用"外科方法",即直接用武力解决张作霖,占领东北。首相田中义一倾向于前一种,希望通过操纵张作霖,把东北置于日本的控制之下,但是关东军中以高级参谋河本大作为首的强硬派,却主张除掉张作霖,制造动乱,趁机占领东北。

一面是日本的逼迫,一面是济南惨案引起中国民众的极度愤怒,已对日本失去信任的张作霖面临着抉择。他最终决定通电表明"停战息争",撤回关外。离开北京前,张作霖曾收到了日本人暗杀的情报,他虽然认为这是谣言,但也在回关外的日期上一再更改,谨慎行事。然而,日本关东军仍然准确地弄到了张作霖回沈阳的列车时间。

1928 年 6 月 3 日,张作霖的列车离开北京,当安全驶入关外后,车上的人们都松了口气。4 日凌晨 5 点多,沈阳车站已做好了欢迎张作霖的准备,东北各军政要员纷纷莅临,等待着专列的出现。

本以为已安全驶入关外,沈阳站已近在咫尺,张作霖和前去迎接他的东三省边防司令兼保安总司令吴俊升轻松地聊着天。可在车行至皇姑屯东 1000 米、京奉路与南满路交叉路口时,关东军的河本大作下达爆炸的命令。突然,随着火车汽笛的呼啸,传来了震天巨响声,滚滚黑色烟柱直冲上天,把迎接的人群惊呆了。马上要驶入沈阳站的张作霖列车,还是未能逃脱日本关东军精心设计的爆炸。随着埋在铁轨上烈性炸药的轰隆巨响,专列的第 9 至 12 车厢被炸得粉碎,碎片甚至飞散到几十米以外的路上,张作霖就在第 10 车厢。吴俊升被炸得血肉横飞,当场死亡。张作霖也身受重伤,被炸断一只胳膊,倒在血泊中。张作霖被抬回帅府后,抢救无效,于当天上午 9 点 30 分死去。奉天当局为了稳定和控制局面,决定秘不发表,帅府上下一切照旧,与企图前来打探情报的日本人极力周旋,等待着张作霖的儿子张学良从关内赶回,执掌大局。

图 1-3 皇姑屯事件中被炸毁的车厢

皇姑屯事件后,如果东北出现日本关东军所期望的混乱局面,那么,三年后的九一八事变就可能会提前爆发了。

"东北王"张作霖被日军炸死,但东北的局面却与关东军所预期的相反,背负父仇家恨的张学良顺利接管东北政权,稳定局面后,断然拒绝了日本的威胁,开始与南京国民政府联络,并于 1928 年 12 月底断然宣布东北"改旗易帜",服从南京国民政府的领导,南京国民政府允许张学良在东北有一定的军政特权,中国完成了形式上的统一。

二、九一八事变

　　1931 年 9 月 18 日晚,北京中和戏院锣鼓喧天,座无虚席,许多来自政界、商界的名流正在观看由著名京剧艺术家梅兰芳领衔演出的《宇宙锋》。这是一场东北军政要员们为辽西特大水灾募集善款的义演。病后初愈的东北军领袖、少帅张学良亦携夫人于凤至前来观看。正当张学良沉浸在艺术享受中时,侍卫副官悄悄告诉他,接到东北急电,沈阳发生事变。张学良的神色瞬间变得凝重起来,急忙转身匆匆离座。

　　中国历史的轨迹,由此开始转变。

1. 日本的"满蒙生命线"论

　　九一八事变标志着日本长达十四年侵华战争的开始,也是中国人民抗日战争的起点。九一八事变由此在中国历史,甚至世界历史上定格。

　　发动九一八事变的主角,就是关东军的骨干军官、作战参谋石原莞尔和高级参谋板垣征四郎。石原莞尔是"世界最终战争论"的始作俑者,早在 1929 年的一次演讲中他就提出,世界最终战争将决定是由日本的天皇当上世界的天皇,还是由美国的总统成为世界的领导者,这是人类历史上空前绝后的战争。石原认为,为了保证日本在世界最终战争中取胜,日本应当举全国之力,不惜一切投入战争。但是,由于日本国土面积小,资源匮乏,如果与美国抗衡,必须开发"满蒙"，这是日本取得世界最终战争胜利的根本，也是唯一的途径。从这个意义上讲，"满蒙"就是日本的生命线。石原的"满蒙生命线"论与日本军部分离"满蒙"、侵略中国东北的方针是一致的，所以大受军部欢迎，很快成为其向中国东北扩张的主要理论依据。1929年5月，板垣征四郎赴中国东北担任关东军高级参谋，他与石原本是旧识，板垣到关东军任职，是石原的战略理论能落实为关东军作战计划的一大契机。

1928年底，张学良在东北易帜后，开始在东北进行新建设。主政后的张学良开始整顿军队，将东北陆军由40万精简为30万，并从德国等西欧国家购买了大量新式武器，试图建设一支现代化的新式军队。与此同时，张学良还积极发展海军和空军，东北军的力量得到提升。

当时东北的日本关东军仅有1万多人，想以此来挑战张学良，势必要精心准备和筹划。在板垣的支持下，关东军自1929年7月起展开了一连串的参谋演习，模拟石原"以寡击众"的战术演练。关东军在东北制造了各种大大小小的战争冲突，不仅为发动九一八事变打下了基础，而且在精神上麻痹了东北当局和南京国民政府。

2. 为什么是"九一八"

在日本关东军和东北军的大大小小冲突中，任何一次冲突都有可能升级扩大，那么日军为什么要选择"九一八"这个时机呢？

在中国内政方面，东北宣布易帜后，中国完成了自辛亥革命以来形式上的统一，表面上结束了军阀割据的混乱状态。但实际上，以蒋介石为首的南京国民政府能实际控制的区域只不过苏、浙、皖、赣、闽数省而已。在国民党政权内,除了中央政权外,又有阎锡山、冯玉祥、李宗仁等地方实力派,几乎处于半独立状态。为了削弱地方实力派,将政权收归中央,完成真正统一,蒋介石大搞"削藩",引起各实力派的反抗,导致新的混战不断。

　　1930 年爆发了蒋介石为一方,阎、冯、桂为另一方的大规模的中原大战,历时 7 个月,双方动员百万以上兵力,死伤 30 多万人,战火波及 20 多省。蒋介石的南京国民政府方面在系列内战中最终获胜,但作为中央政府,连年不断对地方实力派的战争和对工农红军的围剿战争,几乎耗尽了国家的财力,牵制了全部的军队。特别是在中原战争的关键时刻,在蒋介石请求下,张学良率领 20 万东北军入关助蒋,使东北防务大为减弱。中原大战后,张学良开始长驻北平,工作重心也由沈阳移至北平。张学良带着精锐部队离开东北,对于一直对东北抱有觊觎之心的日本关东军来说,是一个难得机会。积极鼓动侵华的日本众议院议员永田善三郎就得意忘形地说:"张学良把大批东北军调进关内参加内战,东北防务非常空虚,如果日本略一举手投足,'满蒙'天地不仅非张学良所有,恐怕已非中国所有了。"

　　除了中国内部政治动荡之外,摆在关东军眼前更为有利的条件是中国正在发生自然灾害。

　　1931 年夏季,中国普降大雨,遭遇了巨大洪灾,长江和淮河流域因暴雨而水灾肆虐,中国中部有 8 省 2 市受灾,长江中游的汉口决堤,总计造成 14 万人被淹死、25 万人流离失所,损失达 20 多亿元。水灾不断扩大,长江下游的首都南京也成了洪水重灾区。多地因灾害与救灾不力,而发生民间骚动。蒋介石前往灾区视察,感到灾区的惨景是触目惊心。南京国民政府为救灾不得不出动200万人的军队。救灾不仅需要人力,也需要巨大的物力和财力。然而,南京国民政府财政收入仅仅应付巨额军费支出一项,便已捉襟见肘。为了救灾,南京国民政府除了发行赈灾公债外,不得不对外举借外债,而美国在此之前已发表了对外金钱援助的方针,是必须以该国裁减军队为条件。

图 1-4　1931 年中国空前的大水灾

与此同时,全球性的经济危机几乎袭击了所有资本主义国家,西方列强受到大萧条的沉重打击,各国自顾不暇。关东军的好战分子判断,如果此时在东方挑起战事,西方即使有心也无力干预。因此,关东军选择了"九一八"做赌博式冒险,发动对东北军的挑战,力图一举占领东北全境。

3. 抵抗与不抵抗

1990 年,张学良在与历史学家唐德刚的谈话中,回忆说:"因为奉天与日本的关系很紧张,发生了中村事件等好几个事情。那时我就有了关于日本方面的情报,说日本要来挑衅,想借着挑衅来扩大双方的矛盾。明白吗?我已经有了这样的情报。所以,那个不抵抗的命令是我下的。我下的所谓不抵抗命令,是指你不要跟他冲突,他来挑衅,你离开它,躲开它。"

长期以来,人们一直批判蒋介石采取不抵抗主义,片面依赖国联,致使东北沦丧。当事人张学良不论是在日记中,还是在后来公开谈话中,都承认不抵抗命令是他自己下的,并不是蒋介石给他的命令。那么蒋介石为什么长期愿意为张学良"背黑锅"呢?不抵抗主义完全和蒋介石没有关系吗?

1928年的济南惨案,日本赤裸裸武力干涉国民革命军的北伐,对蒋介石是一个巨大的打击,从情感上来讲,蒋内心对日本充满了仇恨。但是,曾经留学日本军校的蒋介石,深知中日之间军事实力的悬殊,在相当长一段时间中,他对日本挑衅引起的冲突均隐忍妥协与退让,济南惨案也可以视为蒋介石对日不抵抗主义的开始。蒋这样的对日思想和方针,也传递给了张学良。所以,即使九一八不抵抗命令是张学良本人所下,作为南京国民政府首脑的蒋介石也不能完全脱了干系。

九一八事变前的两三个月间,东北先后发生了"万宝山事件"与"中村事件",日本借机煽动与扩大事端。张学良在1931年9月初曾致电东北当局,"对于日人无论其如何寻事,我方务须万方容忍,不可与之反抗,致酿事端"。这也是他后来面对九一八事变时的方针。九一八事变发生时,张学良等人采取不抵抗主义,在中日间力量悬殊的情况下采取避战,有其现实的必然选择性,避免了中日战争的全面爆发。但是,也正是中国方面的不抵抗,使日本关东军轻而易举地获得了东北,大大刺激了日本的侵略胃口和野心。

1931年9月18日晚22点20分左右,日本关东军在沈阳中国驻军北大营附近柳条湖炸毁了一段南满铁路,并伪造现场,反污蔑中国军队破坏路轨。在制造爆炸的同时,日军独立守备队开始袭击北大营,驻沈阳城等处的日军兵分南北两路,向中国军队驻地北大营进攻。是为震惊中外的九一八事变。

图1-5　九一八事变中被关东军炮火摧毁的中国北大营营房

张学良听到这一消息,虽然震惊,但只认为是日本的又一次挑衅而已。他在北平向东北部属下达了不抵抗的命令,希望不要扩大事态。大部分东北军选择撤退,甚至被动挨打,北大营8000名守军被数量远少于自己的日军击溃。张学良没想到的是,这一失当措置,要付出那么惨重的代价:张学良和他的东北军彻底失去了家乡。

日军占领北大营得逞后,开始在东北全线出击:几天之内,日军先后攻占沈阳、四平、营口、凤凰城、安东等铁路沿线18座城镇和长春、吉林等重镇。至11月中旬,关东军攻陷齐齐哈尔。在国民政府与东北军都无意与日本全面开战的情况下,东三省仅仅历时4个月零18天就全部沦陷了,而中国军队在主要城市所做的武装抵抗,前后加起来却连18天都不到。沈阳、长春、吉林等中心城市的守军不是弃城而去,就是不战而降。

虽然当局采取屈辱的不抵抗政策,丧权辱国,但在日军侵略面前,仍有部分东北军民进行了殊死的抵抗。

九一八之夜,南满铁路发生爆炸,北大营第七旅第六二〇团团长王铁汉以为又是地雷爆炸,因为日本经常搞这样的小动作,他也习以为常,并未特别注意。但是5分钟后,北大营西墙外边传来了手榴弹及断断续续的步枪声,紧接着就是炮响。王铁汉这才感到事态不同寻常,便电话联络其他团部,了解情况,后来得知第六一九和第六二一团都已分别撤退。到午夜时分,王铁汉接到上级电话指示"不抵抗,等候交涉",此后便失去联络。王铁汉认为"等候"不等于"挨打",所以令士兵们就营房的简单工事,做好战斗准备。当19日凌晨,日本步兵前来攻击时,王铁汉第六二〇团的两个营果断自卫反击,然后撤出北大营。王铁汉部击毙日军士兵20余人(另有40余人说)。王铁汉部的反抗,打响了中国人民十四年抗日战争的第一枪,具有重要意义。中国人民不屈的抗日活动,是与日本侵华过程相始终的。

除了王铁汉部的对日反击外,东北讲武堂部分学员和沈阳城内公安警察部队也拒绝执行不抵抗命令,对日军展开最坚决的抵抗。在辽宁省警务处处长兼沈阳市公安局局长黄显声和沈阳县警务局长兼公安大队长张凤岐的领导下,2000余名沈阳警察顽强抵抗侵略日军三天后,才退出沈阳城。

东北军部队组织的抗战仅有嫩江桥战役和双城堡—哈尔滨保卫战。在江桥战役中,黑河警备司令兼步兵第三旅旅长马占山奉东北边防军司令长官张学良命令,代理省主席职务,统帅黑龙江部队,奋起抗击日军。从11月4日到19日,历时16天。关东军在飞机和火炮的掩护下,向守军发起猛攻,双方展开激烈战斗。江桥抗战引起国际舆论的关注。

在这几场短暂的抵抗战役中,东北军部队作战不可谓不顽强,但是东北军和关东军的实力确实有较大差距,经过短暂的惨烈战斗即告失利。这些抵抗日军的火苗虽小、虽弱,但他们反对当局的不抵抗政策,是令国人骄傲的最早抗日力量。抗日的星星之火不熄,必然会发展为燎原之势。

三、中华民族英勇抗战的星星之火

起来! 不愿做奴隶的人们! 把我们的血肉,筑成我们新的长城! 中华民族到了最危险的时候,每个人被迫着发出最后的吼声。起来！起来！起来！我们万众一心，冒着敌人的炮火前进！冒着敌人的炮火前进！前进！前进！进！

1.“满洲治安之癌”

熟悉的旋律，令人高亢激昂的歌词。这首为抗日义勇军所谱写的《义勇军进行曲》，在中华人民共和国成立后，成为新中国的国歌。《义勇军进行曲》在中国抗战时期已响遍大江南北，它是中国人英勇抵抗日本侵略的精神支柱，是中华民族抗日和反法西斯战争黑暗中的明灯，它更是中国东北抗日义勇军英勇顽强抗日的真实写照。

九一八事变发生后，东北军整体上执行了不抵抗命令，但是一部分东北军、警察部队的爱国官兵并未放弃抵抗，他们和各阶层的抗日民众力量汇合在一起，纷纷组成了义勇军、救国会、自卫军、反日总队、大刀会、红枪会等各种武装抗日力量。这些武装由民众自发组织而成，因此统称东北抗日义勇军。东北抗日义勇军的主要领导大多数是由东北军中的爱国军官担任。

东北抗日义勇军由于军事设备简陋、武器不精良，所以在各地对日军基本上采取避实攻虚、声东击西、出没无常、利用夜战、联合民众、化整为零、化零为整等战术，使日军不得安宁。义勇军在民族危亡时刻，发起自卫战争，并联合民众，深得人心，他们与抗日民众形成鱼水相依的关系，对于行军作战颇有助益。

在艰苦的条件下，义勇军不畏牺牲，有同敌人血战到底

图1-6　坚持抗战的东北抗日义勇军

的气概。东北民众自卫军总司令邓铁梅负伤后在家休养，不幸于1934年5月被日伪抓捕。在审判法庭上，敌人问他为什么要反满抗日。邓铁梅大义凛然地回答："国家兴亡，匹夫有责。日本人犯我国土，屠我百姓，除了丧尽天良的汉奸、走狗，都要和你们血战一场，别无他路可走！"日伪军试图软化他，进行招安。邓铁梅表示："血可流，救国之志不可夺。我的部队所有官兵，一定本着我的精神，坚持到底，我不能给部队下达接受任何条件的命令。"敌人虽然对邓铁梅施以各种手段，但均未能使其屈服，最后将其秘密杀害。许多义勇军官兵都像邓铁梅一样，"捐躯赴国难，视死忽如归"。

东北各地抗日义勇军的兴起，给日本关东军以重大威胁。连日本人都承认，东北抗日义勇军的存在成为日本统治"满洲国"的最大障碍。关东军的任务原本主要是对苏备战，最后却陷入维持"满洲国"治安的泥潭中，难以自拔。

图1-7　严寒下的东北抗日联军

　　1932年,日本在东北扶植建立了傀儡政权"满洲国"。日伪军队对东北抗日义勇军进行了疯狂的镇压。到1932年,各地分散的抗日武装相继被日军剿灭。

　　东北抗日义勇军失败后,中国共产党领导的东北反日游击队成为东北抗战的主要力量,其中,部分东北抗日义勇军经改造后加入东北反日游击队。随后,在东北反日游击队的基础上组建东北人民革命军,再相继改编为东北抗日联军共11个军。东北抗日联军等部独立坚持东北抗战14年。日军对此又恨又怕,称之为"满洲治安之癌"。

　　东北抗日联军先后共有11个军,人数最多时有3万多人。抗日联军将士在东北广阔的土地上打击日本侵略者及伪军,日伪军不得不制定"治安肃正计划",调集大量部队,一次又一次对东北抗联部队进行"讨伐"。东北抗联部队经常冒着零下三四十摄氏度的低温,行军作战,身无棉衣,脚着单鞋,露宿山林荒野,爬冰卧雪,常常被冻得指断肤裂。在长期的抗战中,东北抗日联军将士抵御着难以想象的严寒和饥饿,挑战着人类生存的极限。

除了冬季严寒的自然天气外,东北抗联官兵不得不面对与日伪军在兵力和武器装备等方面的巨大差距。日伪军兵力是东北抗联的十数倍乃至上百倍,他们一旦发现东北抗联军队,就会"像壁虱一样盯住不放",动用大量兵力进入深山密林,进行大规模的"篦梳式""踩踏式"搜剿。东北抗联每与敌人交火一次,都要连续不停地奔走上百公里,以摆脱追击。有时即使是为吃一顿饭,东北抗联部队都要付出血的代价。

1939年后,东北抗日联军的游击战争进入极端艰苦的斗争时期,但将士的意志没有被打垮,部队通过缩编,开展小型游击战争。为保存抗日精华和骨干力量,一部分将士进入苏联境内整训,抗战胜利前夕,他们在苏联红军配合下回到东北,参与击败关东军、解放全东北的战斗。

东北军部分官兵和东北抗日义勇军、东北抗日联军持续不断地顽强抗日,都是中国抗战史上重要组成部分,可歌可泣。但这些抗战总体上是在东北主力军未作抵抗的大背景下所进行,是个别的抵抗,缺乏强有力的组织和后援,影响了抗争效果。但不可否认,他们代表了中国人民不屈不挠的抗争精神。

毛泽东曾指出:"东三省的游击战争,在全国抗战未起以前当然不发生配合问题,但在抗战起来以后,配合的意义就明显地表现出来了。那里的游击队多打死一个敌兵,多消耗一个敌弹,多钳制一个敌兵使之不能入关南下,就算对整个抗战增加了一分力量。"

2. 抗日联军英雄杨靖宇与赵一曼

东北抗日联军在常人难以想象的艰苦环境下,坚持抗击日伪,对日伪军作战几百次,涌现出无数可歌可泣的抗日民族英雄,例如有"南杨北赵"之称的杨靖宇和赵尚志,以及周保中、魏拯民、陈翰章、赵一曼等,均为其中杰出代表。

杨靖宇原名马尚德,出身于河南确山县一个农民家庭。1927 年,杨靖宇加入中国共产党,受党派遣,先后在确山、信阳、开封、洛阳一带从事地下工作。1929 年春,杨靖宇奉调赴东北。1932年,杨靖宇受命在东北组织抗日武装。1935 年,东北抗日联军正式建立,杨靖宇任第一军军长兼政委。1936年 6 月,东北抗日联军第一、

图 1-8 杨靖宇(1905 年 2 月13 日—1940 年 2 月 23 日)

第二军合编为第一路军,杨靖宇出任总司令兼政委。杨靖宇成为东北抗日联军的主要创建人和领导人之一,他率领将士们长期与日伪军转战于白山黑水之间,艰苦卓绝。

东北抗日联军第一军,是南满抗日队伍的中坚力量。杨靖宇被称作"南满的马占山",成为南满地区各种抗日武装公认的领导核心力量,也是整个东北抗日最活跃的武装,成为日伪"讨伐"最猛烈的对象。在敌强我弱的形势下,杨靖宇指

挥部队开展机动灵活的游击战,他提出四不打原则——"地形不利不打;不击中敌人要害、不缴获武器不打;要我们付出很大的代价不打;当地人民损害大不打"。甚至日本侵略者都承认杨靖宇"才干、器量兼备,是个将才"。

杨靖宇率部对惯匪邵本良的大捷,就是其杰出战役之一。邵本良在九一八事变后任伪满洲国陆军上将,在日本人面前夸下海口,要活捉杨靖宇。杨靖宇采取调虎离山之计,行程上万里,与敌周旋,端了邵本良的老窝,全盘接收了其后勤部。

杨靖宇足智多谋、骁勇善战,连挫日伪围攻。日伪称杨靖宇部队为"神兵",将其视为心腹大患。1935年以后,日伪当局开始实施"并村移民"和"保甲连坐"政策,严格控制老百姓出入,禁止老百姓带干粮上山,企图切断东北抗日联军与民众的密切联系,甚至还悬赏2万元收买杨靖宇人头。

关键时期,第一军一师师长程斌叛变,致使东北抗日联军的生存雪上加霜。深山密林中建立的补给生命线——70多座密营被破坏殆尽,失去了粮食、布匹、枪械和药品等补给,杨靖宇及将士们经历了最残酷的生存考验。1938年,中共六届六中全会曾向以杨靖宇为代表的东北抗日武装致电慰问,赞之为"在冰天雪地里与敌周旋七年多的不怕困苦艰难奋斗之模范"。

1939年秋冬,在反日伪"讨伐"作战中,杨靖宇等决定将部队化整为零,分散游击。1940年2月15日,杨靖宇身边只剩7名战士,在粮尽援绝的情况下,以惊人毅力突围,一天一夜间将600余人的伪警察大队拖得人仰马翻。激战后,杨靖宇身边只剩 6 人,且有 4 人负伤。他毅然决定让 4 名伤员突破到后方,为革命保存有生力量。杨靖宇身边只留下 2 名警卫员,18 日又因下山购粮而遇害。

2 月 22 日,杨靖宇孤身一人,饥寒交迫,伤病缠身,只能暴露自己,向村民买食物,却不幸被人出卖,遭到日军围攻。23 日,杨靖宇壮烈牺牲,年仅 35 岁。

杀害杨靖宇的凶手、伪通化省警务厅长岸谷隆一郎充满困惑:杨靖宇究竟是靠什么在断粮半个多月,且零下二三十摄氏度的严寒下,坚持战斗这么长时间? 他怀着敬畏的心情,用军刀划开了杨靖宇的胃,里面只见到树皮和棉絮。岸谷最后感慨道:"中国拥有像杨靖宇这样的铁血军人,一定不会亡国。"

东北抗日联军中不仅有无数个像杨靖宇这样的英雄好男儿,也涌现出许多不让须眉的巾帼英雄,例如赵一曼等。

赵一曼原名李坤泰,四川宜宾县人,曾入武汉中央军事政治学校学习,后被派往莫斯科中山大学学习。1928 年回国,先后在宜昌、南昌和上海等地进行党的秘密工作,经历了千难万险。

九一八事变后,赵一曼奉命到东北从事抗日活动。她先后在大英烟草公司和纱厂做女工工作,曾担任中共

图 1-9　赵一曼(1905 年 10 月 25 日—1936 年 8 月 2 日)

满洲省委委员、满洲省总工会组织部长。1934 年 4 月，赵一曼领导哈尔滨电车工人举行反日大罢工。后因哈尔滨党组织遭到破坏，赵一曼被派到哈尔滨以东的抗日游击区，先后任珠河中心县委委员、区委书记、东北抗日联军第三军一师二团政治委员，被战士们亲切地称为"我们的女政委"。

赵一曼受过教育，善于做政治工作，枪法又好，可谓"文武双全"。连日伪报纸都承认"共匪女首赵一曼，红装白马奔驰于丛山密林，常采取出其不意、攻其不备之战术，使我倍感难以对付"。

1935 年 11 月，赵一曼所在营地被敌人发现，赵一曼带着一个排掩护部队突围，终因负伤而被俘。日军为了得到情报，对赵一曼施以酷刑。赵一曼被折磨得几次晕死过去，敌人却未得到任何口供，甚至连她的身份都没有弄清楚，但他们知道赵一曼身份不简单，是珠河抗日武装的重要领导人物。

为了获取东北抗日游击武装的信息，日军将赵一曼转移到哈尔滨进行治疗。赵一曼身体稍有好转，日军就开始进行各种利诱，继而实施严刑逼供。

赵一曼宁死不屈的精神，加上她的政治思想工作，深深打动了看守警察董宪勋等人，他们决心帮赵一曼逃出虎口。1936 年 6 月 28 日夜，他们乘车逃离。令人扼腕的是，在距游击区只有二十余里的地方，他们又被日伪军赶上，再次落入敌手。日军对赵一曼实施了更加残酷的刑讯，甚至动用了极为残忍、专门针对女性的酷刑。

赵一曼虽历经敌人残酷折磨，但依然大义凛然，坚贞不屈。1936 年 8 月 2 日,赵一曼行刑之前,敌人把她绑在一辆马车上"游街示众",她撑着虚弱的病体,高唱她最爱的《红旗歌》:

> 　　民众的旗,血染的旗,收殓着战士的尸体,尸体没有僵硬,鲜血已染红了旗帜……高高举起呀! 血红的旗,誓不战胜,终不放手。牢狱和断头台来就来你的,这是我们的告别歌!

赵一曼视死如归,慷慨就义,年仅 31 岁。

正是杨靖宇、赵一曼等有名和无名的东北抗日联军英雄们,为中华民族抗战作出的巨大牺牲与贡献,使中华民族抗日之火渐成燎原之势。

3. "一·二八"淞沪抗战

九一八事变后,日本为了扩大侵略范围,同时转移西方列强的视线,又在中国最重要的城市上海蓄意挑起战火。

1932 年 1 月 28 日晚,日军以日本僧人受到中国工人袭击为借口,对上海闸北发起全面进攻。此时日军在上海的兵力,除了 24 艘军舰和 20 余架飞机以外,用于地面作战的只有 1800 余名海军陆战队员和三四千名武装的日侨。但日本军队根本不把中国军队放在眼里,以为凭借这几千兵力就能够轻易地拿下闸北地区。

驻守上海的中国第十九路军军长蔡廷锴、京沪卫戍司令蒋光鼐和淞沪警备司令戴戟在全国抗日高潮的推动下,奋起抗日,他们向全国通电,表达了"为卫国守土而抵抗,虽牺

牲至一弹一卒，绝不后退"的决心。战事进行中，南京国民
政府于2月3日派张治中率领新编的第五军赴沪增援参战，
但是，为防止日军以此为借口扩大战争，故借用了第十九路
军的番号，并未以中央军名义参战。

图1-10　十九路军在天通庵路奋勇抗敌

　　面对淞沪抗战的爆发，蒋介石、国民党中央以及南京国
民政府外交部等先后表明了坚决抵抗的态度，明白表示
"日既在沪不肯撤兵，我方只有抵抗到底"。蒋介石开始从
"剿共"前线大批抽调中央军，星夜开赴浙江和上海近郊，
将由蚌埠调至苏州、无锡一线的部队抽调兵力去上海，归
十九路军指挥。另外，南京国民政府从中央军中挑选了
2000名士兵先行补偿第十九路军，并另外代募新兵5000
人。对于第十九路军和第五军战斗中大量消耗的武器弹
药，更是源源不断地大量接济，使之在与日军的激战中始

终保持了相当强的火力。

日军挑起"一·二八"淞沪战争之初,曾狂妄地叫嚣:日军陆战队只需四个小时就能全歼上海的中国军队。结果,日军完全打错了算盘,低估了对手,他们以为十九路军会和东北军一样,不战即溃,没想到却遭到中国军队和全上海民众的顽强抵抗,淞沪抗战共打了33天。日军陷入恶战苦斗中,甚至被迫三易主帅,多次增兵,兵力最高时达十万之众,军舰80艘、飞机300架,还有大量坦克和装甲车。在巨大的兵力和武器装备优势下,日军仍死伤逾万,未能完全取胜。日本参谋本部承认,"上海会战"中陆军死伤占其参战总人数的17％,相当于日俄战争中辽阳战役的伤亡率。

"一·二八"淞沪抗战,面对日军的挑衅,作为弱国的中国,居然通过浴血奋战重创了具有优势的日军,大大地鼓舞了中国民众与军人的士气,也让世界对中国刮目相看。

上海是列强在华利益集中的地方,日本的进攻直接威胁着列强在华的经济利益和侨民生命安全。英、美增兵上海,并在中日之间积极展开调停活动,迫使日本坐到谈判桌前。5月5日,中日双方签订《淞沪停战协定》。战事暂停,但中国从此失去了在上海的驻兵权,国家主权受到严重的损害。

4. 长城抗战

"一·二八"淞沪抗战尚未尘埃落定,日本就在其刚占领的中国东北,扶植清朝废帝溥仪,建立了"满洲国"傀儡政权,并将侵略扩张推向关内。伪满洲国成立时,竟然将热河省也划为它的所谓"国土"。这一荒谬主张,遭到中国上下一致的反对。

为使热河省真正成为伪满洲国领域,消灭在华北的张学良部以及以华北为基地的东北抗日力量,日军制定了侵略热河的作战计划。

1933 年 1 月 1 日深夜,日军向素有"天下第一关"之称的山海关发起进攻。中国守军奋起反击,长城关口点燃了抗日烽火。3 个昼夜的激战后,中国守军不敌日军,山海关失守。张学良部被迫退到关内,组织东北军与义勇军部队 20 余万人备战。2 月 17 日,关东军司令官下达了对热河攻击令。次日,张学良率将领也发出热河抗日通电,表示坚决抗击侵略者。2 月 21 日,日伪军开始攻入热河,先后投入兵力约 10 万,为逼迫中国守军投降,日军下达最后通牒,要求驻热河的中国军队全部撤出,遭到中方严词拒绝。

在热河战役中,装备不良、士气低落的东北军节节败退,热河省主席汤玉麟更是尚未见到敌人,就带头放弃省会承德,逃之夭夭。3 月 4 日,承德失守,热河全境沦陷。整个热河战役中,中国军队除在赤峰的孙殿英部和少量东北军部队在撤退时作了较顽强的抵抗外,大部分均败退下来,沿各条大道向长城各关口撤退。热河沦陷,导致整个华北处于日军威胁之下,长城成为抗击日本侵略的最前线。

热河战役前,蒋介石曾督促前线将士力守热河,但张学良部轻易丢掉热河,蒋介石愤怒之余,让张学良辞职,命何应钦兼代北平军分会委员长,部署指挥长城抗战。

长城战役是九一八事变后中国军队在华北所进行的第一次大规模抗击日军侵略的战役。这次战役中,南京国民政府方面先后投入东北军、西北军与中央军的 13 个军 26 个师,约 25 万人的兵力。日军投入了 2 个师团又 3 个旅团,共 4 万多人的兵力。从 1933 年 3 月 7 日到 5 月 23 日,长城抗战共经历了 70 多天的激烈战斗。

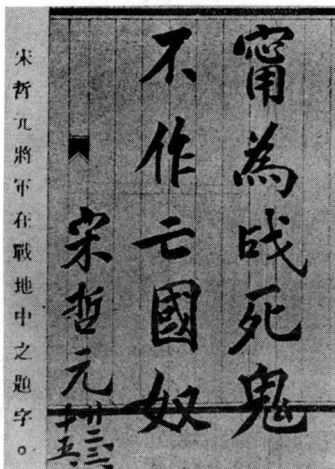

图 1-11　长城抗战时第二十九军军长宋哲元将军的题字

中央军第二师奉命开赴长城前线,师长黄杰在官兵誓师会上慷慨激昂地说:"今天国土被侵占,同胞被屠杀,是国家的耻辱,更是我们军人的耻辱,因为我们军人没有负起我们应尽的责任。……本师已奉到委员长的命令,即将离开潼关,北上参加对日军作战。这是我们全师弟兄报国的最好机会。……我们必须击败日本人,否则,不但国家不能保全,我们的同胞以及后代子孙都将永沦为日本人的奴隶,受日本人任意宰割。"

3 月 9 日,日军进攻长城喜峰口,中国军队还击,长城抗战由此开始。中日双方军队主要围绕着长城上的重要关口喜峰口、古北口和冷口,展开殊死搏斗。

　　长城抗战爆发前，第二十九军奉命开赴平东，担负喜峰口一线防务，出发之时，军长宋哲元写下了"宁为战死鬼，不做亡国奴"的誓言。3月9日傍晚，喜峰口战役打响，口上阵地得而复失，失而复得，战事呈胶着状态。据二十九军军官王治邦回忆："拉锯战中，肉搏战异常激烈，阵地上到处是殷红的血，一次敌军集中炮火轰击我军阵地时，炮弹暴雨般倾泻在山头阵地上，数百朵蘑菇云冲天而起，久久不散，战况惨烈异常。敌人的炮火十分猛烈，不久我军战壕多被炸平，上百名士兵牺牲，有的战士竟被活埋于战壕内。"

　　由于中国军队装备差，人员损失太大，二十九军便成立了"大刀队"，战士们每人身上背一把闪闪发亮的大刀，多次采取夜袭战术，在半夜时分冲入敌营，在近距离的拼杀中充分发挥大刀的威力。9日晚，经挑选的精壮中国士兵500人，利用夜幕掩护潜入日军阵地，以大刀砍杀敌军。日军从睡梦中惊醒，猝不及防，只见寒光闪闪，不少日军撞在二十九军勇士们的刀口上，百余日军被砍杀毙命。中国士兵损失也重，500壮士生还者仅有30余人。大刀队多次夜间奇袭，使日军睡觉时都胆战心惊，不少日本兵晚上睡觉，脖子上都要戴上一个自制的铁护圈，以防脑袋被砍掉。

　　中国军队顽强抵抗，主动出击，用大刀等传统武器消灭日军的事迹，挽回了热河抗战中溃败所蒙受的耻辱，一时间国内各界大为振奋，大家奔走相告，纷纷慰问二十九军。二十九军作为抗日雄师扬名长城内外，成为与在上海抗战的十九路军齐名的抗日英雄部队。《大刀进行曲》就是以此为题材创作的，"大刀向鬼子们的头上砍去"的歌声响彻大江南

图 1-12　二十九军的大刀队

北,激励着中华儿女为抗战胜利而奋战不止。

喜峰口反击作战毙伤日军 3000 人左右,是中日交战以来中国军队第一次给日军以沉重的打击。就连日本报纸也发出这样的哀叹:"明治大帝造兵以来之皇军名誉,尽丧于喜峰口外,而遭受六十年来未有之侮辱。"

在长城各关口的抗战中,古北口战役尤其引人注目。古北口是长城各关口中地势最为险要的,易守难攻,其地理位置重要,素为兵家必争之地,有"京师锁钥"之称。古北口亦成为日军的重要攻击目标,但嚣张的日军没想到,在古北口遭遇了中央军第十七军关麟征部的顽强抵抗。古北口抗战从 1933 年 3 月 10 日至 5 月 19 日,历时 70 天,其间经历了大大小小数百场战斗。古北口一役在长城抗战中,作战时间最长、战斗最为惨烈,被称为"激战中的激战"。

长城抗战打得十分激烈,中国军队也有过局部胜利。但是,蒋介石并没有与日军血战到底的决心,只是要表明姿态,使日军不敢为所欲为。蒋认为,中国要与强敌日本作战,只能是打一场持久战,以时间为基础,与敌相持,在久而不在一时。中国军队在装备、士兵素质、军官指挥能力等各方面都与日军有较大差距。尤其在关键性的南天门和石匣战斗中,日军的优势火力起了重要作用。前方将领的报告说:"中国官兵并非不愿意战,而是实在是不能战,因为我方的炮火,比敌人的火力距离差太远了,我们官兵看不见敌人,只能受到敌人炮火的威胁,处于被动挨打状态。"

中国军队虽然经过拼死抵抗,但仍然无法扭转惨败的结局。至4月下旬,日军先后占领了长城各要塞,从南、东、北三个方向形成对北平的威逼态势,中国守军被迫退至北平、天津附近。日本政府看到了中国军队的抗战决心,认为占领华北的时机尚不成熟,否定了关东军继续进攻的设想。中日双方遂谈判,停止军事行动,签订了《塘沽协定》。该协定在事实上承认了日本对东北三省和热河的占领,并把河北多处置于日伪势力范围之内。

长城抗战虽然最后也是以失败告终,但中国军队的顽强抵抗,迫使日军不得不放慢对华北的侵略速度。

5. 察哈尔①抗日同盟军与绥远②抗战

长城抗战以中日《塘沽协定》的签订暂告结束。1933 年

---

① 民国时期的察哈尔省,简称"察",省会张家口,1928 年设省,面积近 28 万平方公里,人口 200 多万。中华人民共和国成立后,1952 年,废除察哈尔省设置,区域划归内蒙古自治区、河北省、山西省和北京市。

② 绥远省于 1928 年设置,省会归绥(今呼和浩特市),在今内蒙古自治区中部。中华人民共和国成立后,1954 年,将绥远省划归内蒙古自治区,撤销绥远省建制。

5月,还在停战协定谈判过程中,日伪军又在察哈尔方向发起进攻,侵占了多伦、沽源等地,并打算从张北长驱直入张家口,致使察哈尔全省告急。

在中原大战中失利的冯玉祥,身居张家口,既有抗日的热情,又希望借机东山再起。1933年5月26日,冯玉祥通电全国,宣告成立察哈尔民众抗日同盟军,号召一切军政力量共同抗日。察哈尔抗日同盟军以冯玉祥的西北军旧部为基础,方振武的抗日救国军以及从东北和热河进入察哈尔的抗日义勇军也纷纷加入,总兵力约有10万人。冯玉祥任同盟军总司令,吉鸿昌为北路前敌总指挥,方振武为北路前敌总司令。

同盟军北上迎击日伪军,在6月下旬至7月初,同盟军相继收复了康保、宝昌、沽源等县,并乘胜追击,围攻了察东重镇多伦。

同盟军抵达多伦后,为了查明敌情,吉鸿昌派副官带领侦察员,扮作回族商贩,传递情报。7月7日,同盟军开始攻打多伦城,由于日伪军的顽强抵抗,战斗异常激烈。11日夜,总攻开始,吉鸿昌赤膊抡着大刀片上阵,带头英勇冲杀,全军将士浴血杀敌,最终攻克多伦。

同盟军一举收复察东四县,这是九一八事变以来中国军队首次从日伪军手中收复失地,大大振奋了全国人心。国学泰斗章炳麟给予高度评价:"近世与外国战,获胜者有之,地虽一寨一垒,既失则不可复得矣。得之,自多伦始。以争一县,死将士几二千人。虽在一隅,恢复之功为九十余年所未有。"

图 1-13　察哈尔抗日同盟军开赴抗战前线

全国各界同胞和抗日爱国团体或发函祝贺，或捐款捐物，对同盟军予以支持和慰劳。多伦的胜利，更是极大地鼓舞了许多热血青年，他们纷纷来到张家口要求加入同盟军。"张垣车站附近大小客栈，人客充满，几无空房，多系闻起事后，前往投效者……远近各报记者及民众代表来此慰问者，踵趾相接。"

与民众对察哈尔同盟军的热情支持不同，南京国民政府对冯玉祥及同盟军则充满疑虑和不安。蒋介石不希望冯玉祥借机东山再起，构成对中央政权的威胁，同时破坏他的整体对日计划。因此，南京国民政府对察哈尔同盟军采取了限制与高压措施，冯玉祥最后不得不解散了同盟军。

《塘沽协定》签订后一段时间，在中国政府与日本外务省的努力周旋之下，中日之间维持了短暂的停战"和平"。但日本军部不满于此，积极策划新的侵略行动。1935年下半年，日本华北驻屯军制造华北危机，即不断进行所谓"华北五省自治"活动,企图使华北完全脱离南京国民政府的控制,变为第二个"满洲国"。

华北危机的发生,使蒋介石企图通过外交交涉来阻滞日本入侵步伐的努力难以为继,南京政府无法接受日军在平津和冀察扶植起一个与中央分离的傀儡政权。1935 年底,蒋介石在国民党五全大会的政治报告中提出了"最后关头"的说法:"和平未到完全绝望时期,决不放弃和平,牺牲未到最后关头,亦决不轻言牺牲。"1936 年 7 月,在国民党五届二中全会上,蒋介石具体解释"最后关头"的底线:"就是让到《何梅协定》和《秦土协定》为止,不能再退让了。假如有人强迫我们,欲签订承认伪国等损害领土主权协定的时候,就是我们不能容忍的时候,就是我们最后牺牲的时候。遇有领土主权被侵害之事实发生,如用尽政治方法而无效,危及国家民族之根本生存时,则必出以最后牺牲之决心,绝无丝毫犹豫之余地。"由此说明,南京国民政府虽未放弃"和平"的努力,但也展现出前所未有的对日强硬态度。

1936 年,华北危机稍有缓和,高度紧张的平津地区暂时归于平静,而察绥地区却再度陷入危机之中。日本关东军通过扶植内蒙古德王,建立傀儡政权,加紧训练伪蒙军,并多次对绥远地区进行试探性攻击。

1936 年 11 月,日本关东军指挥日伪军 5000 多人向绥东门户红格尔图的中国守军发动猛烈进攻。中国守军在傅作义的指挥下,迅速集结兵力,展开顽强抵抗,击退了日伪军的进攻。红格尔图初战告捷后,在蒋介石的督促下,傅作义于11 月 24 日凌晨,指挥中国军队向盘踞在百灵庙的日伪军发起主动出击。经过9个多小时的激战,歼灭日伪军1300余人,成功收复百灵庙。其后,傅作义率军一鼓作气肃清了绥远境内的日伪军,打破了日本建立"蒙古国"傀儡政权的妄想。

图 1-14　中国军队从日军手中收复失地百灵庙

在百灵庙战役中,傅作义和阎锡山绥远当局起着关键性作用,而蒋介石南京当局对此抗战也提供了重要的支持。此次战役中,中央军有四个师参战,但他们都换用了晋绥军的番号和旗帜,所以新闻报道中,只有晋绥军而没有中央军的名号。百灵庙收复后,蒋介石派陈诚到太原、归绥,和阎锡山、傅作义商量进一步追剿,彻底消灭伪军。阎锡山对继续扩大战果并不积极,而因傅作义属于阎锡山的部属,因此蒋介石决定放权,让绥远战事由阎锡山处理,自己赴西安督促张学良围剿红军。不料发生西安事变,致使绥远抗战随即落幕。

绥远抗战是我国局部抗战诸役中,唯一以胜利而告终的。中国军队一举拿下百灵庙,在全国范围内引起巨大反响,各地上至军政高官,下至贩夫走卒,大家踊跃捐款捐物,发起援绥军民抗日运动。蒋介石和陈诚也分别在洛阳、归绥发表谈话,高度赞扬收复百灵庙之战。绥远抗战大大地振奋了全国人民的民族精神,鼓舞了全国抗日救亡运动,推动了全国抗日阵线的形成。

四、中国走向团结抗日

1936 年 12 月 12 日凌晨 5 点多,军人出身、习惯规律性作息的蒋介石,已在床上运动完毕。正在他打算披衣服起来的时候,忽然听到枪声,他命侍卫前往检查。很快便传来了第二声枪响,随后便连续不止。蒋介石判断情势不妙,在侍卫人员的扶护下,逃到后门围墙处,因围墙较高,侍卫人员连抱带举地将蒋托至墙头而出,攀爬匍匐而上骊山。时已入冬,慌乱外逃的蒋只穿了一条单裤,连鞋都没来得及穿。一个小时快到山顶时,四周突然又枪声大作,弹如雨下。天快亮时,蒋钻入一块大石头下面的洞中躲起来。东北军遍山搜索,9 点多才搜到蒋介石,便将其劫下山,上车而去。

西安事变可谓大起大落,它轰轰烈烈地开幕与戛然落幕,都与中国抗日民族主义情绪的高涨密切相关。由于国人在抗战观念和时间点上的差异,西安事变发生;因为国人同仇敌忾的抗日民族主义情绪,西安事变很快得以和平解决。

1. 共产党高举抗日民族统一战线大旗

在西安事变和平解决的过程中,中国共产党扮演了重要角色。

国共两党在 1920 年代经过一段时间的合作,最终分裂。中国共产党确定了武装推翻国民党反动统治的方针,多次发动城市起义和暴动,力图推翻南京国民党政府。随着城市起义的失败,中共开始转向农村发展,建立广泛的农村革命根据地。到 1931 年底,县一级的苏维埃政府就有 300 多个。1931 年 11 月 7 日,中华苏维埃共和国的旗帜在江西瑞金升了起来,"进行两个中国命运的决战"的口号一度响彻大江南北。

国民党和南京国民政府视中共领导的红军和根据地为"心腹之患",必欲除之而后快。1931 至 1934 年间,国民党军队对中央苏区进行了五次军事"围剿"。特别是在第五次"围剿"中,南京国民政府投入了前所未有的庞大军力,甚至出动了 200 架飞机。而工农红军因常年作战兵困马乏,加之中共领导人执行了错误的"反围剿"指导方针,致使根据地陷入了空前绝境,中央苏区再无坚持的可能,不得不实行主力红军转移的战略。经共产国际同意,中共决定将红军主力撤离中央苏区。

1934 年 10 月中旬的一个晚上,中共中央率领红军主力及后方机关共 8.6 万人,从瑞金及周边地区开始出发,悄悄向西移动,红军迈出了万里长征的第一步。

中央红军历时一年多,途经中国八个省,徒步跋涉了二万五千里。红军所到之处,几乎都是穷乡僻壤,甚至与世隔绝的地方,红军在国民党军队的围追堵截下,与敌人、与恶劣的自然环境英勇奋战,爬雪山、过草地,经历千难万险,才突破了国民党军队的层层封锁,到达陕北,与陕北红军汇合,落下脚来。

中央红军长征过程中,最艰苦的一段行军是要经过茫无边际、人迹罕至的大草地。草地纵横数百里,毫无人烟,阴森迷蒙,雾气缭绕。草中积水呈现黑色,散发着腐臭味,稍有不慎,陷入沼泽便不能自拔。部队在行进过程中,有时候夜晚连坐的地方都没有,即使担任中央军委副主席的周恩来也只能倚着树站立睡觉。

红军一路风餐露宿,行军作战,战胜了无数艰难险阻,虽然最后到达陕北,但损失也非常严重。中央红军从1934年10月出发时候的8.6万人,到1935年10月到达陕北苏区时,只剩下6000多人,兵员损失超过百分之九十。

图 1-15　红军长征时经过的雪山——川康边界的夹金山

在红军长征的过程中,中国政治局势发生了很大变化。特别是 1935 年下半年,日本在华北掀起所谓"自治运动",制造华北危机。中华民族与日本侵略者之间的矛盾激增。中共面对新的形势,开始重新考虑政策方针。1935 年 8 月 1 日,中共驻共产国际代表团根据国内外政治形势的变化及共产国际七大的决议,以中共中央和中华苏维埃中央政府的名义发表《为抗日救国告全体同胞书》,史称"八一宣言"。该宣言最初刊于 1935 年 10 月 1 日中共在巴黎出版的中文《救国报》上,同时,它还以秘信的形式传达给平津地区的中共地下组织。宣言称,"不管什么阶级,不管什么政党,只要他们愿意从事任何反日反蒋的活动",中共都愿意与之建立统一战线。

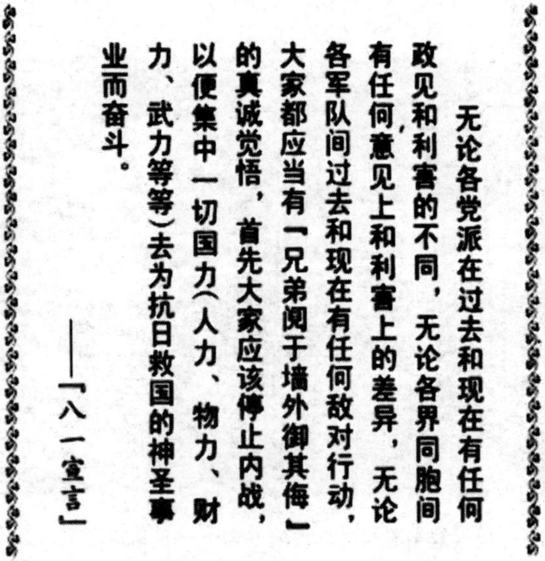

无论各党派在过去和现在有任何政见和利害的不同,无论各界同胞间有任何意见上和利害上的差异,无论各军队间过去和现在有任何敌对行动,大家都应当有「兄弟阋于墙外御其侮」的真诚觉悟,首先大家应该停止内战,以便集中一切国力(人力、物力、财力、武力等等)去为抗日救国的神圣事业而奋斗。

——「八一宣言」

图 1-16　"八一宣言"内容

中共在"八一宣言"中号召联合一切反蒋抗日的力量,这使得北平中共地下党可以放手组织民众运动,"一二·九"运动正是在这样的背景下发生的。1935年底,北平爆发了轰轰烈烈的"一二·九"救亡运动,各阶层民众要求"停止内战、一致对外",标志着抗日民族运动高潮的到来。基于上述形势,中共中央在1935年12月17日至25日,在陕北召开瓦窑堡会议,正式确立了建立抗日民族统一战线的策略。

与此同时,随着华北告急,蒋介石意识到与苏联结盟的重要性,在与苏联恢复外交关系后,他更希望同苏联签订军事同盟。对已放弃南方根据地、退入西北地区的中共武装,蒋介石在全力追剿的同时,也企图将其纳入南京国民政府框架内,绝不允许其对中央政权构成任何威胁。但是,莫斯科拒绝在国共之间充当调解人,致使中苏互助协定的谈判陷入僵局。蒋介石认为,只有彻底解决中共问题,才能与苏进行谈判,因此,蒋决定继续加强对中共的作战。蒋不断督促陕西的杨虎城和张学良"剿共",最终激起反抗,导致西安事变爆发。

中共到达陕北后,对张学良与东北军进行了大量的争取工作,晓以民族大义。在双方接触过程中,张学良同意抗日,却不主张讨蒋,这也促使中共改变对蒋方针,在一段时间内不提"反蒋",只提抗日和民族统一战线问题。1936年6月,"两广事变"解决后,面临内外各种压力的蒋介石,表示对日不再继续妥协,对内愿与中共商谈联合,双方派代表进行了秘密接触。1936年8月初的中共中央政治局会议中,中共也决定放弃"反蒋抗日"口号,取而代之的新方针是"逼蒋抗日"。在中共的电文中甚至使用了"请蒋抗日""联蒋抗日"等用语。

2. 全国民众的抗日热潮

九一八事变发生后,中国政府不积极抵抗,而采取"诉诸国联"的政策,希望借外力阻止日本侵略,使得国内民众与舆论强烈不满。因此,从淞沪抗战开始,中国政府采取"一面交涉、一面抵抗"政策,在"一·二八"淞沪抗战、长城战役、绥远抗战等局部战争中,都展现出积极抵抗的一面。但是,不论中共领导下的东北抗联,还是南京国民政府组织的几次官方抵抗,都是局部抗日战争。九一八事变发生以后,日本侵华步步加深,全国的工、农、商、学与知识等各界要求抗日的活动十分活跃,中国的抗日民族主义情绪空前高涨。

1931 年 9 月 26 日,上海工、农、商、学各界 800 余团体 20 万人举行抗日救国大会。大批青年学生和知识分子通过罢课、集会、走上街头游行等方式,反对"不抵抗"政策,要求当局出兵抗日,掀起了近代以来声势浩大、参与人数众多、范围广泛的示威活动。在首都南京,中央大学学生上千人得知事变的消息后,很快就涌上街头,斥责政府对日妥协、委曲求全。情绪激动的学生甚至捣毁了南京国民政府外交部,痛殴外交部长王正廷。上海各大、中学校也纷纷组织请愿团,涌向南京,向南京国民政府和国民党中央党部请愿,要求武装抗日。北平、天津等地学生亦随之效仿,登车南下,致使铁路交通严重受阻。全国民众群情激愤,形成难以遏制之势。

这场规模巨大、气势空前、发展迅猛的学潮,经南京国民政府一面强行阻止,一面安抚,终归平息。民众要求南京国民政府立即对日宣战的意愿,虽然无法实现,但民众的强烈呼声,对迫使国民党结束党内夺权之争、一致对外却是有意义的。越来越多的中国人意识到全国上下团结统一、一致对外的极端重要性,在相当多的中间派知识分子思想中,实现中国的统一已经成了当务之急。

"一·二八"淞沪抗战虽然最终在军事上失利,但是中国军队以弱抗强,成功抵抗日本大规模进犯 30 多天,极大地激励了全国民众的爱国热情,推动了抗日救亡运动的形成。上海各行业几乎都成立了旨在援助前线将士的抗日组织,如义勇军、救护队、消防队等。上海中华国民救国会、上海市总工会和上海市商会组织了数千义勇军和童子军投入前线,实业界自发成立了上海维持会。上海以及全国各地的社会团体与学生团体举行各种募捐活动,以多种方式支援抗日将士。宋庆龄、何香凝等亲赴前线慰问抗战将士,看到前线战士在数九寒天却仍然穿着单衣坚守阵地,她们就通过报纸发布"前线将士缺少棉衣"的消息,上海各界民众闻风而动,不到10 天,工商界、妇女界就赶制出 3 万多件棉衣和 3 千条棉被,送往前线将士手中。

1935 年,日本将侵略魔掌伸到华北,通过策动一系列事件,企图使华北各省脱离中央。一时间,华北一派黑云压城城欲摧的景象,北平城内人心惶恐,社会浮动,北平的达官显贵纷纷携带细软和眷属南下,故宫博物院的珍稀文物宝藏开始装箱南运,一些高等学府也在酝酿搬迁。

北平的爱国青年学生面对华北危在旦夕的形势,感慨地喊出"华北之大,已经安放不下一张平静的书桌了"。1935

年12月9日和16日,北平各校学生走上街头,举行示威游行,反对华北自治,反对成立"冀察政务委员会",要求停止内战,一致抗日,史称"一二·九"运动。游行的学生们发出了抗日的怒吼,"打倒日本帝国主义!""停止内战,一致抗日!""反对华北自治!"的口号声此起彼伏,响彻云霄。游行队伍中的女学生更是巾帼不让须眉,北平师范大学的杨淑英手拿要求抗日救国的传单,毫无惧色地走到持枪军警的面前,递给他们。军警不敢接,她就将传单一张一张地挂在军警的刺刀上。学生们高喊"中国人不打中国人!""誓死抗日救国!",军警举着棍棒的手垂了下来。

图1-17　北平学生举行"一二·九"游行

"一二·九"运动后,北平各校的抗日救亡团体如雨后春笋般出现,几天内,有七十多所学校成立自治会或学生会。学生们还走出校园,深入民间,宣传抗日救亡。"一二·九"运动再次唤醒了全国人民的救国热情,抗日救亡浪潮奔腾向前,席卷全国。

　　1936 年 5 月 31 日至 6 月 1 日,全国各界救国联合会(简称"救国会")在上海召开成立大会,决定在各地设立分会和各种形式的抗日救国组织,以推进救亡运动。救国会是一个统一战线性质的组织,其宗旨是组织全国民众爱国救亡运动,它广泛宣传建立抗日民族统一战线的主张,使救国运动普遍深入各阶层。随着时局演变,救国会的活动远远超出最初宗旨,它为推动中国抗日民主运动做出了不可磨灭的重要贡献。海外华侨中也建立了抗日救国联合会。

　　抗日救国运动深入人心,民众们将抗日救亡付诸实际行动中。当收复百灵庙的捷报传来,全国各大报刊都以特大字号报导百灵庙大捷的消息,举国上下,无不欢欣鼓舞。除了南京国民政府一些党政要员以及共产党纷纷进行捐款及慰问之外,民众也掀起了捐款慰问高潮,海外华侨的捐款多达 200 余万元。北平有位人力车夫将所得一元八角钱车资捐送给绥远抗战的战士;浙江省慈溪县南乡一位妇人倾其家产 12 万元,捐助绥远抗战;还有两位华侨回国准备结婚,恰逢抗日援绥之机,他们为表达爱国热情,节约婚费,将余款寄往绥远抗战前线。青年学生们以举办音乐会、节省生活用品甚至省每日之餐费的办法集资,慰劳前方,一时掀起了捐款慰问祝捷的热潮。

　　3. 西安事变

　　在全国上下一片抗日救亡之声中,蒋介石发表"最后关头"之说,展现出前所未有的对日强硬姿态。但在对日态度强硬的同时,蒋更关注的是"剿共"优先的国内统一事业。他认为，中共已被压缩到西北极狭小地区，且力量已大为减弱，"剿共"事业的成功指日可待。所以，当1935年底中共中央经过长途跋涉，刚到陕北，蒋介石就委任张学良为总指挥，率东北军入陕，会同杨虎城的西北军，共同围剿红军。他还调集嫡系部队开进西北，目的是彻底消灭中共武装，以实现其先"安内"再"攘外"的计划。

红军在作战过程中，提出"中国人不打中国人""枪口一致对外"等口号，这对国民党军，特别是东北军触动特别大。东北沦陷，拖家带口流亡在外的东北军将士们，无时无刻不想打回东北，一雪耻辱。想要打回老家的东北军却被派往"剿共"前线，心情比较沮丧，斗志不高。再加上东北军与红军作战过程中，连续失利，不但没有得到安慰，反而被中央趁机取消两个师的番号。张学良也怕蒋介石利用"剿共"，趁机消融异己，便产生了要多方联络、不能在一棵树上吊死的念头。他开始和中共接触，希望通过中共与苏联搭上联系，从苏联得到援助。

西北军将领杨虎城经营陕西多年，此时被蒋介石任命为陕西绥靖公署主任，协同张学良的东北军共同"剿共"。他与张学良一样，担心蒋介石借口"剿共"，消除地方实力派。

中共红军主力经过万里长征跋涉，实力大为减弱，刚在陕北得以喘息，也有与东北军、西北军相互停战的意愿和必要。经过秘密接触，1936年4月，中共与东北军、西北军第十七路军分别达成了"停战"协定，约定"必要时可事先通知，放空枪，打假仗"，并互派代表，设立电台、互通情报等。

张学良对蒋介石的抗日态度较为肯定，心存幻想。他在与中共代表周恩来会谈中提出,"在国民党要人中,只佩服蒋尚有民族情绪","相信能帮蒋抗日"。张学良多次致书蒋介石,劝其改变"攘外安内"政策,联共抗日。1936年11月,上海发生沈钧儒等七位救国会领导人被捕入狱的"七君子事件",张学良到洛阳面见蒋介石,在为其祝寿之际,借机要求蒋释放七君子,联共抗日,但未收到预期效果。

　　蒋介石得知东北军和十七路军私下与中共达成停火协定后,决定亲自到西安,督促张学良"剿共"。1936年12月7日,张学良就停止内战、共同抗日的问题,对蒋进行劝谏,情到深处,忍不住声泪俱下。用张学良的话来说,就是"用尽心机,也可以说舌敝唇焦",但仍遭到蒋拒绝。在苦谏无果的情况下,张学良和杨虎城决定实施"兵谏"。

图1-18　蒋介石(右)到西安督战(左为张学良,中为杨虎城)

　　1936年12月12日清晨,东北军一部包围了蒋介石居住的华清池,蒋介石在慌乱中逃到附近山上,仍被搜索的东北军官兵捕获。与此同时，十七路军囚禁了陈诚等随行的十几名国民党军政要员，控制了西安城。是为震惊中外的西安事变。

西安事变突然爆发，蒋介石被囚禁，南京乱作一团，意见不统一。国民党内强硬派主张出兵镇压张、杨，宋子文、宋美龄等主张和平解决。宋氏兄妹先后飞到西安，面见张学良，进行调和。他们在与中共、东北军、西北军代表会面、商谈之后，事情有了很大转机。

张学良、杨虎城在扣押蒋介石之后，本以为反蒋派会一呼百应，但是他们低估了蒋介石当时作为中国领导人和抗日领袖的地位和影响力。各地方实力派及民众舆论都呼吁和平解决，释放蒋介石，并不希望中国发生内讧。连张学良最倚重的苏联和中共也主张和平解决。面对这样的局面，张学良显然措手不及，邀请中共代表参与事变的解决。

中共中央代表周恩来等于 12 月 17 日飞抵西安，参与事变的解决。12 月 19 日，中共中央政治局扩大会议根据国际国内复杂而紧张的形势，在反复讨论后，确定了以和平方式解决西安事变的方针。当天，中共中央和中华苏维埃中央政府联名向南京当局发表通电，表达了和平解决西安事变的决心。红军主力也做了相应部署。经过一系列紧张的谈判，蒋介石口头答应改变政策，停止军事"剿共"，积极准备抗日。

12 月 25 日，张学良亲自送蒋介石返回南京，西安事变在中共等各方面的调解下，终于得以和平解决。

西安事变的发生，并非张学良等与蒋介石之间为抗不抗日的问题之争，而是如何抗日、何时全面抗日的问题之争。

因此,它具有和平解决的基础,即在民族危机面前,双方都有抗日的想法,只是形式和时间节点上,有着较大分歧而已。

九一八事变后,国难日深,中华民族陷入了空前的亡国灭种危机。面对危机,中国各界呈现出前所未有的团结一致抗日趋势,中国的民族主义情绪不断高涨,人们的国家观念和意识不断增强。西安事变的和平解决,充分表明了中国共产党团结一切力量共同抗日的诚意,为中国真正形成抗日民族统一战线有着重要的贡献。

五、韬光养晦:抗日准备

日本人那种野蛮行动,简直就是禽兽,……本来各国外交官,在作战的时候,照国际公法,谁也不能杀害的,他们明明晓得蔡公时是我们中国的外交特派员,他偏偏要这样侮辱他!杀害他!并且还将我们外交部长关在一间房子里,逼他签字,这次日军暴虐的行为,不仅凡是我们中国人都要痛心疾首永远不能忘记这种仇恨!……须知我们报仇雪耻的敌忾心,绝不能暴露出来,我们所有吞敌的气概,非到最后关头,是不能有一点流露的,因为那将徒然为敌人所忌,要来对我们再下毒手!……我相信我们中国一定不会给日本灭亡,而且相信在不久的将来,我们中国第二期国民革命就要得到成功,到了那时,亦就是我们报仇雪耻的志愿完全达成的时候了。——蒋介石在中央陆军军官学校演讲《誓雪五三国耻》(1929年5月3日)

1. 国防建设

曾留学日本，熟悉日本军事的蒋介石认为，中日两国实力，尤其是军事实力，存在着巨大的差距，中国如果不顾及现状和实情，贸然对日开战，则有导致民族覆灭的危险。九一八事变后南京国民政府内部曾经讨论对日本"绝交"的议题，占主导性的意见是：一旦绝交，日本可能以此将启动战争的责任赖在中国身上，而挑起全面战争，所以只能"隐忍"，以免事与愿违。中国要抓紧进行国家统一和建设，抓紧时间进行对日做全面抗战的准备。

蒋介石的"苦心孤诣"，难以获得中国民众的同情和理解，反而招致大量的抨击。与部分官兵局部英勇抗战以及民众舆论高涨的抗日热情相比，南京国民政府给时人的整体印象是"不抵抗"，因此备受责难与质疑。时人及后来史书等，均批判蒋"不抵抗""攘外必先安内"等等，不少甚至以"卖国"责难之。

全面抗战爆发前，日本经过明治维新，已迅速成长为现代化的工业强国，而中国虽然幅员辽阔，人口众多，却依然是落后的农业弱国。

中日两国战前基本的国力比较如下：日本年工业总产值已高达60亿美元，而中国仅为13.6亿美元；钢产量，日本高达580万吨，中国仅为4万吨；石油，日本高达169万吨，中国仅为1.31万吨。日本年产飞机1580架、大口径火炮744门、坦克330辆、汽车9500辆，年造舰能力52422吨，而中国尚不能生产一架飞机、一门大口径火炮、一辆坦克或汽车，除少量小型船艇外，不能造出任何一艘大型军舰。

开战之初，日本陆、海、空军无论是在质量上，还是在数量上均占绝对优势。据陈诚回忆，当时日本现役兵员虽仅 38 万人，但合预备役及后备役则为 200 万人，第一、第二补充兵为 240 万人，合计 440 万人。日本海军有舰艇 285 艘，总吨位 190 余万吨，空军拥有飞机 2700 余架。而中国方面，兵役制度尚在初创阶段，陆军只有现兵役 170 余万人，补充兵约 50 万人。海军仅有 120 余艘舰艇，总吨位 6 万余吨，尚不及日本十分之一。空军仅有战斗机 305 架，所有各式飞机总共仅有 600 架。中国陆军虽有 182 个师的番号，但作战初期预计可使用于第一线的兵力，仅为步兵 80 个师、9 个独立旅、9 个骑兵师、2 个炮兵旅和 16 个独立团而已。部队的兵员与装备方面，中日之间也力量悬殊。以步兵师而言，日本每师 21945 人，中国每师仅 10923 人；步枪射程，日本 3000 公尺，中国仅 2000 公尺；轻机枪，日军每师配备 541 挺，中国每师仅 274 挺；重机枪，日军每师 104 挺，中国军队仅有 54 挺；野山炮，日军每师 64 门，中国军队仅 9 门。

中日两国的差距，不仅表现在国力、军力上，而且还表现在国家统一与分裂的巨大差异上。日本明治维新之后，已经形成统一民族国家，实现天皇制，并宣传为天皇效忠的武士精神，民族国家概念已深入人心。而中国表面上完成了统一，而整个国家仍处于四分五裂的状态。

基于现实国情和战略的考虑，蒋介石及南京国民政府在与日本冲突中，整体上采取了隐忍态度。1932 年初，蒋介石、汪精卫共同主政后，达成了对日"一边抵抗、一边交涉"的共识。汪担任行政院长兼外交部长，负责交涉之责，蒋负责抵抗之责，"以和日而掩护外交，以交通而掩护军事，以实业而掩护经济，以教育而掩护国防。韬光养晦，秘筹密谋"。一方面，外交部以外交交涉的形式，在台面上做出种种"对日亲善"的宣示；另一方面，军事上以参谋本部为主体，以交通建设等项目，掩护军事准备。南京国民政府希望与日本虚与委蛇，以拖待变，既要等待国际局势的变化，也要争取国家建设与国防建设的筹备时间。

"一·二八"淞沪事变发生后，南京国民政府军事委员会通令全国防卫计划，将全国分为四个防卫区及一个预备区，研究制定作战计划等。

陆军是中国的主要军种，但是编制复杂，武器种类、制式不一，武备器材缺乏，官兵训练不精，数量虽多而质量薄弱，不符合现代军队的要求。南京国民政府为应付国防之需要，在德国军事顾问的协助下，将整理陆军作为军事建设的主要内容之一。军政部拟定自 1936 至 1938 年完成调整和整理各 60 个师。1937 年 6 月，中央直辖部队已完成有调整师 36 个、整理师 24 个。卢沟桥事变发生后，整编工作不得不中止进行，进入备战状态。到全面战争爆发为止，陆军已经整理与未整理部队共计 182 个师又 46 个独立旅，骑兵 9 个师又 6 个独立旅，加上特种部队，共 170 余万人。

为了提高军队的作战能力，南京国民政府开始着手进行全国军事教育与训练。军事委员会在战前曾举办两项大规模的训练，亦属于军队教育的一环。一是从 1933 年起，每年夏季在江西庐山举办的"庐山军官训练团"；一是 1935 年，蒋介石在中央军进入四川后，于峨眉山办理的"峨眉军官训练团"。受训的军官,主要是非中央军系统的地方系高级军官。蒋介石办训练团的最大目标,是要在一定程度上打破军队派系之间的畛域,使过去老死不相往来,甚至互相敌视的军官们之间有交流和熟悉的机会,提高各非嫡系军官的国家观念,同时也要提高蒋介石在地方派系军人中的威望。蒋的目

图1-19　庐山军官训练团的"军人魂"大门

的在一定程度上是达到了。一位受训的东北军军官万耀煌在日记中写道:"庐山训练的最大成果,为大家都感觉国家需要统一,要统一由军人做起,尤其统一意志集中力量,才能御侮图存,在精神上、意志上趋向于中心信仰最高领袖,每个受训学员都有一种新的醒悟。"

为了保证兵源,南京国民政府开始实行新的兵役制度。民国以来一直沿用清朝中叶之后所习用的募兵制,在募兵制情况下,当兵不是国民为国家所必须尽的一种义务,而成了一种挣钱谋生的职业,士兵很难在思想上树立起保家卫国的观念,兵员在素质上难以提高。另外,中国民间不存在后备

兵源,战争一旦开始,兵力动员马上就会成为问题。对募兵制的种种弊端和征兵制的好处,国人早有了解,但要实行改变却很难。因为实施征兵,就必须有完备的户籍制度,而户籍制度的建立是一件要投入相当多人力和物力的事情。直到 1934 年 7 月 1 日,南京国民政府才开始推行《户籍法》,然而具体实施仍需要一个相当长的过程。1936 年 3 月 1 日,南京国民政府明令实施《兵役法》,征集年满 18 岁男子入伍。到 1936 年底,经训练完毕的壮丁达 50 余万,正在训练行将完成者约 100 万人。同时,到 1937 年上半年,全国已经受国民军训的高中学生约 22 万 4 千人,专科以上学生 6 万多人。

除了陆军之外,中国在海军和空军方面相当地落后,与日军的差距更是悬殊。

中国海军原属于各地方军事集团,因经费限制及系统复杂,仅在可能范围内维持一定力量。至全面抗战爆发,海军所有舰艇共 120 余艘,总吨位最多不过 68586 吨。最大的问题还不在于舰艇的多寡,而在于缺乏新舰艇的补充。当时中国各舰队所辖舰艇大多是清末民初向国外订购,早已为超龄舰艇,亟待补充。自国民政府定都南京到抗战爆发前的十年间,仅自日本订购一艘于 1932 年完成的 2500 吨以上轻巡洋舰"宁海号",其余舰艇则为江南造船所制造之舰艇,在量与质上均难以接替原来各舰。国民政府虽然在 1929 年成立了海军部,提出了发展海军的具体计划,但实施艰难,到抗战爆发后,计划就更无实现之可能了。

与海军的停滞不前相比,中国的空军有了较大进步。北伐统一之前,中国没有中央政府所属的空军,只有地区性航空队的存在。1928 年 11 月,军政部航空署成立,后改组为航空委员会,主持全国军、民航事务,在杭州建立了中央航空学校,聘请外国教官培养飞行员。蒋介石、宋美龄热衷于空军建设。除自欧美各国购买新机建设空军外,还相继接收原东北、湖南、山东等省或地区航空人员及飞机。1936 年 10 月,全国各界发起"献机祝寿"活动,共购买飞机 100 余架,编为 7 队。全面抗战爆发前,中国空军共拥有各式飞机 314 架,编组为 9 个大队。第一、二、八 3 个大队为轰炸大队,第三、四、五 3 个大队为驱逐大队,第六、七大队为侦察大队,第九大队为攻击大队。此外,空军还有 4 个运输机队,总计共有各式飞机 600 余架。

图 1-20 杭州笕桥中央航校学员

　　以上就是经过全力建设,全面抗战爆发前中国陆、海、空军的实力与家底。

　　2. 经济建设

　　中日两国的差距远不是一个武器和训练的问题,更主要还是综合国力的悬殊。要提升中国的国力,根本上还必须以工业和交通的发展为基础，全面加强经济和国防建设。

南京国民政府在全面抗战爆发前，已开始着手整建江海防要塞及修筑国防工事，此举增强了抵抗日军的能力，对于抗战初期的战事发展具有相当的贡献。江海防要塞等国防工事的建设与修筑，打破了日军速战速决，企图"三个月灭亡中国"的美梦，赢得了较长的时间，使中国经济富庶、工业较为发达的上海、江浙等地区的人力、物力和财力，仍可以通过长江等水路撤往西南大后方，奠定了长期抗战的经济基础。

为了发展重工业，南京国民政府专门建立了资源委员会，对国家资源进行调查统计，从事厂矿建设与开采，这些活动对于中国工业的发展产生了积极效果，也为抗战准备了物质条件。南京国民政府也注重陆路、水路、航空和邮电等方面的交通网络建设。尤其在铁路、公路建设方面，到1937年全面抗战爆发前夕，各省线路贯通，全国公路网雏形初具，战时公路运输得以发挥功能，对抗战之贡献甚大。

南京国民政府的战前准备，最关键的还在于经济的稳定和发展。但经济的稳定和发展，很大程度上取决于中国自身能不能形成一个统一的国内市场。要想在中国建立统一的国内市场，最基本的要件就是先把货币统一起来。当时，中国采取银本位制，币值非常混乱，"国内货币之不统一，人所尽知，各省往来，几若异国"。例如京津之间，相距不过数百里，但两地银本位币却不同。如果北京商人向天津商人采办货物50万元，天津商人向北京商人采办货物100万元，两相抵对，则津商欠京商50万元。按理说，津商只要支付京商50万元现款即可。但是因两地银本位币不同，津商则需要在钱庄或银行将天津银币兑换为北京通用的银币才可以。如此一来,因兑换折扣受到盘剥,商家吃亏不小,自然不愿意异地采办货物。中国币值不一,严重影响了工商业的发展和国内统一市场的形成。另外,国际上,1934 年 8 月美国政府公布"白银国有令",拟与英国、德国、日本等国一样放弃金本位制,向国内外大量收购白银,以弥补国内白银的不足,充作通货准备。美国实施白银政策、抬高银价的直接结果是世界银价飞涨。中国是用银大国,白银的大量外流,使中国贸易入超加剧,造成中国金融市场的恐慌,经济走向萧条。

面对上述困境,1935 年 11 月,南京国民政府决心实施法币制度改革,实行法币政策。具体措施是:放弃银本位制,采用外汇本位制,由中央、中国、交通银行(后加中国农民银行)发行作为钞票的法币,禁止白银流通,实行白银国有制度。币制改革的实行,既有利于缓解南京国民政府财政困难,也加强了全国实质性的统一,使民众对政府的向心力加强。

图 1 - 21　币制改革后改造的法币

除了国防建设与发展经济之外,南京国民政府还推动新生活运动,致力于加强国民的精神建设与道德教育。1933年9月,蒋介石将行营设在南昌。宋美龄到南昌后,对于市容的破旧落后、杂乱不堪,感到吃惊。蒋介石遂决定通过努力改变人们的日常生活习惯,使国民个个都过整齐、清洁、简朴、一切合乎"礼义廉耻"的"新生活",从而达到"救国""复兴民族"的目标。1934年2月,蒋介石宣布在南昌实行"新生活运动",随后推及全国。南昌是"新生活运动"搞得最热闹的地方,街头出现了各种新奇景象:童子军们纠正路人歪戴帽子,还要监视正在饭店用饭是否超过四菜一汤的食客;执勤队在处罚随地吐痰的人;化妆打扮和穿短袖的女性被盖上"奇妆""异服"的印章,提醒她们保留点儿羞耻心;烫发和新式泳衣更被禁止等。"新生活运动"虽招致了一些质疑,效果也打折扣,但在抗战准备方面的积极意义也值得肯定。

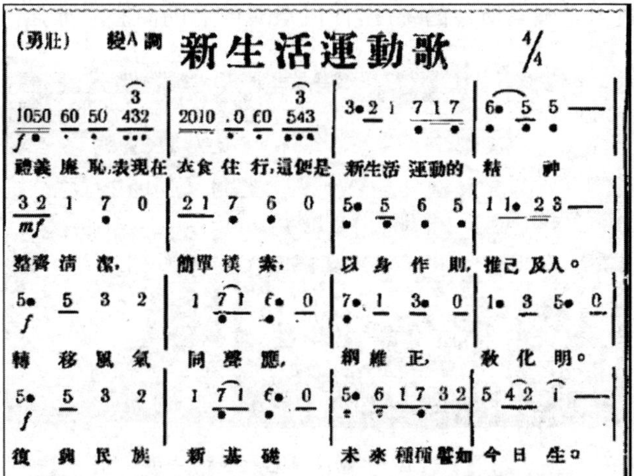

图1-22 《新生活运动歌》

"新生活运动"与国民经济建设互为表里,"新生活运动"在一定程度上奠定了国家道德精神的基础。国民经济运动促进国家经济的健全发展,强化军事建设,也在一定程度上奠定抗战前期艰苦卓绝、苦撑待变的物质基础。

3. 西南大后方的选择

九一八事变,特别是"一·二八"淞沪事变后,蒋介石及南京国民政府深刻体会到战事离首都南京近在咫尺,处境非常危险。1932年初淞沪抗战期间,国民政府一度迁至洛阳办公。

在抗战准备过程中,蒋介石及南京国民政府最初打算以西北为长期抵抗之后方根据地,有人提议将西安更名长安,将其作为行政院的直辖单位。淞沪事变后,西安成为南京国民政府的陪都,其目的就是以西北为中心,建立后方根据地,未来与日本作持久战。

蒋介石先选择西北,而非后来的西南地区作为后方根据地,主要是此时西南诸省尚处于"半独立",并未真正纳入南京国民政府的统治范围。然而,1933年起,蒋介石有了经营四川,将其作为抗日后方根据地的考虑,他通过出生于四川的张群等人,加深了对四川的了解和认识,认为在经济条件和自然地形条件等各方面,选择四川等西南地区作为战略后方,明显要优于西北。

1934年底,中央红军在第五次反"围剿"中失败,开始长征,先后辗转到贵州、四川、云南等西南地区。给了一直觊觎西南地区的蒋介石一个绝佳机会和借口。南京国民政府的中央军在"剿共"的过程中,逐步进入并控制了西南地区。

1935年3月,蒋介石由武汉飞抵重庆,穿梭于重庆、贵阳、昆明和成都等西南各地。蒋介石此次西南之行前后持续了7个月,正是经过长时段的考察,蒋介石对抗战根据地形成了明确的思路。他明确提出:"对倭应以长江以南与平汉线以西地区为主要阵地,而以川黔陕三省为核心,甘滇为后方。"

1935年8月,蒋介石在四川峨眉山训练团对川、滇、黔三省各级干部发表讲话,指出:"我敢说我们本部十八省,哪怕是失去了十五省,只要川黔滇三省能够巩固无恙,一定可以战胜任何强敌,恢复一切失地,复兴国家,完成革命。"可见,蒋对将云、贵、川西南各省作为大后方地位有明确的认识。

1936年7月,蒋介石对离任回国的财政顾问、英国人李滋罗斯说:"对日抗战是绝对不能避免的。由于中国的力量尚不足击退日本的进攻,我将尽量使之拖延。但当战争来临时,我将在沿海地区做可能的最强烈的抵抗,然后逐步向内陆撤退,继续抵抗。最后,我们将在西部某省,可能是四川,维持一个自由中国,以等待英美参战,共同抵抗侵略者。"日后证实,中国抗战的实际情形与此相仿。

蒋介石一方面"剿共",另一方面又借"剿共"之机,将中央军势力进入西南,完成了对西南的控制和统一,与此同时,将西南经营成为对日作战大后方根据地,可谓"一石三鸟"。为了对大后方根据地加强统一和建设,南京国民政府对川滇黔的地方军队进行军事训练和整编,加强构筑防御工事,实施币值改革,进行经济、交通等方面的建设。蒋介石尤其重视四川的建设,加强川政统一,因为"四川人口之众多、地方之广大、物产之丰富,可说为各省之冠"。

图1-23　1930年代重庆附近盘山公路的建设

蒋介石后来曾说,四川等西南大后方根据地确定之后,对日作战便有了一定的底气。在确立了建设抗战大后方战略后,南京国民政府有组织地将工厂、学校迁入西南。特别是东部战绩失利、首都南京沦陷之后,西南大后方建设的先见之明和其作用就更加彰显。

西南大后方的构想和建设为中国持久抗战,以空间换时间,为争取抗战胜利,提供了基础。

六、争取国际援助的努力

1932年冬天的一个上午,阳光照在伪满财政厅大门上,虽然阳光普照,可那里仍让人感到阴森恐怖,不寒而栗。因为在那里时刻都有日军站岗,戒备森严地监视着过往的每一个行人。而此时却有一个人影猫着腰,怀

揣相机偷偷爬到日军司令部对面一家商号房顶,长时间
等候阳光直射到哨兵和伪满财政厅大门前所贴的布告。
突然,这个人腿脚等麻了,蹬掉一块屋瓦,院内涌出一群
人大喊"捉贼"。他趴到树枝掩着的房脊上好长时间不
敢大声喘气。待人散去,日光也照过来了,又怕哨兵听
见按快门声,想借汽车声掩护,然而过往汽车又极少,等
待好久才趁汽车声拍照成功。——东北民众冒死搜集
日本侵华证据,要将真相转告给国际联盟调查团。

1. 诉诸"国联"的外交

九一八事变发生次日,中国政府将日军侵略的行径诉诸
国际联盟,要求国联主持公道,促使日本撤兵。

1932 年 2 月底到 1933 年 7 月初,国际联盟派遣以李顿
为首的调查团到中日两国进行实地调查。日本政府为了阻
止调查团进行正常的调查,以恐吓等各种手段反对中国代表
顾维钧进入东北,对顾维钧进行严密监控,甚至采取暗杀手
段。日本一方面千方百计不许中方和调查团成员接触,控制
中方的信息传递渠道,另一方面又捏造事实,混淆视听。但
不少中国民众冒着生命危险,向国联呈递证据,传达日本侵
略东北的真实情况和中国人的真实想法。以巩天民为首的
沈阳 9 位爱国知识分子,自发秘密组成了"国联外交爱国小
组",在日满的严密监控及疯狂销赃灭迹的艰苦环境下,秘密
奋斗 40 多天,搜集到几百份珍贵资料,最终形成一份 400 多
页、文图量相当大的英汉双语汇编文件,并用红丝线绣上
"TRUTH"(事实)字样。他们冒着生死之险,找到一位与中

国人有亲属关系的英国驻沈阳领事馆友人,托他将文件转交给团长李顿。在惊心动魄的搜集资料过程中,巩天民甚至把妻儿和亲戚也发动起来,为他站岗放哨,收藏或转移秘密材料。每次出门,巩天民都要视死如归地向妻子交代:"如果我回不来,不要去找我!"

国联调查团在中国待了四个月,南京国民政府极其重视,给予了极其盛大的欢迎和热情招待。国联调查团居住上海、北平两地,在伪满洲国"境界"逗留时间最长,进行调查。在中国政府及民众的努力下,国联调查团对于九一八事变真相有了一定了解和把握。

图 1-24　李顿调查团正在调查柳条湖铁路的爆炸点

1932 年 10 月,国联调查团公开了其报告书,报告书认为:"不能认为关东军的军事行动是合法的自卫行为……属于中国领土的广阔地区是在没有宣战的情况下被日本军队强行控制和占领的,这一行动的结果是使中国的一个组成部分分离,并迫使其宣布独立。"该报告书否认了日本美化其对华侵略的行径,但同时也认为,中国"在社会生活的所有方面都进行了恶毒的排外宣传",日本"比其他任何国家都更加体验了无法律状态的苦头",即断定中国对事件的发生也有责任,可谓各打五十大板。国联报告书提议,在保持中国对"满洲"行使主权的前提下,实行"满洲自治",试图将东三省置于以日本为中心的列强"共管"之下,以此来解决事变。

国联报告书不惜牺牲中国的主权和领土完整,承认日本在东北具有"特殊利益",明显有偏袒日本的倾向。但日本对此报告书并不领情,对列强通过"共管"染指东北的企图,采取坚决反对的态度。日本政府以退出国联作为与列强讨价还价的筹码,要挟国联大会不要阻碍它实现独占东北的"既定目标"。出席国联会议的日本代表松冈洋右态度骄横,扬言日本的立场绝不后退半步。1933 年 2 月 24 日,国际联盟以李顿报告书为基础,以 42 票赞成、1 票反对(日本)、1 票弃权(泰国),通过了日本军队从中国占领地区撤离的"对日劝告案"。松冈洋右率领的日本代表团恼羞成怒,中途退出国联会场以示抗议。3 月 27 日,日本宣布退出国联。

南京国民政府把东北问题诉诸国联,未能阻止日本侵略,也没有得到国际上有效的帮助,被时人指责和诟病。但是,中国通过诉诸国联,展示了中国爱好和平、维护正义的正面形象,在国际上获得了极大同情。而从日本的角度来看,国联的决定使其最终退出国联,在国际上陷入日益孤立的境地。因此,从这个角度来看,南京国民政府选择将东北问题诉诸国联,也有其合理性。只是,求诸外援,首先需要自强自立。

国联未能如中国所愿制止日本的侵略行动,使中国认识到国联约束力的有限性。但南京国民政府并未完全放弃国联,1933年宋子文欧洲之行的一个重要收获,就是推进国联对于中国的技术援助和合作。南京国民政府在国联的活动重心,从要求其对日制裁转为争取其对华经济技术援助。这主要是因为中日《塘沽协定》签署后,国际舆论对于中日问题的关注程度下降,中国代表继续要求国联制裁日本就显得不合时宜。南京国民政府适时将工作重点转向扩大与国联的技术合作是比较合时宜,也是有必要的。

2. 对日直接交涉与争取各大国支持

九一八事变爆发后,南京国民政府除了申诉国联,走“国联仲裁”路线外,对于日本提出两国直接交涉的要求,提出日本不撤兵即不谈判的先决条件,要求关东军必须先自占领区撤出,由中国签收之后,才愿与日本展开谈判。

1931年12月,蒋介石在内忧外患中被迫下野,新上台的孙科内阁及外交部长陈友仁在“革命外交”思想指导下,主张对日绝交。看似强硬的对日主张,也颇符合舆论和民众民族主义情绪及抗日主张,但中日尚未宣战就单方面宣布对日绝交,既不能遏制日本侵略的步伐,亦关闭了中日谈判的可能性,可能导致严重的后果。对此外交方针和措施均感不满的蒋介石和汪精卫,在1932年初迅速联手出山,从此形成较为稳定的蒋汪合作,达成了“一边抵抗、一边交涉”的对日外交共识。

1932 年 3 月 9 日，上海停战未久，"满洲国"即宣布成立。南京国民政府在寻求国际仲裁之余，也展开对日直接交涉，以求多管齐下，劝阻日本承认"满洲国"。长城战役中，南京政府急于谋求英美出面调停，但却未能如愿，而中国的兵力、财力均不足以继续战争。在日军的一再进逼之下，南京政府被迫放弃了九一八事变后绝不和日本直接交涉的立场。1933 年 5 月 31 日，中日双方签署了《塘沽协定》，中国实际上默认了日军对东三省和热河的占领，以及长城一线为"满洲国"的"国界"。《塘沽协定》签署后，日本不断采用各种手段向华北扩张侵略势力，给南京国民政府在华北地区的统治造成了极大威胁。南京国民政府在日军的重压下，无力抵抗，只得继续与日本进行谈判，同意实现关内外通车、通邮及长城各口设卡，希望以忍辱退让稳住日军南进的步伐。

图 1-25　1933 年 5 月签署《塘沽协定》，右为国民政府代表，左为日本代表

在"一边抵抗、一边交涉"外交方针下,南京国民政府对日释放出一定善意,日本内部的对华策略也非铁板一块,外务省愿意以外交手段解决中日问题。以两国使馆由公使升格为大使为标志,1935年上半年中日关系达到"亲善"的最高潮。但1935年下半年,因日本军部加紧策动"华北自治运动",中日关系急转直下。

南京国民政府在中日关系日趋紧张、争取西方援助无望的情况下,采取忍耐的态度,对日进行一定妥协退让;另一方面,面对国内民众日益高涨的抗日情绪,南京国民政府在与日本交涉时,亦坚守一定的底线,以此来稳定国内政局。在这样复杂的方针指导下,南京国民政府不得已通过外交途径的交涉,延缓了中日战争爆发的时间,为国家经济和国防建设争取了一定时间。直到日本对华北的侵占,超出了南京国民政府容忍底线,唯有走上全面武力抵抗之路。

南京国民政府开展对日直接交涉的同时,不再单纯依赖国联,而是在国际社会广为展开活动,与苏联恢复了邦交关系,寻求美、英、德、意等大国在道义、经济,甚至是军事上的支持。

苏联也是日本觊觎已久的对象。九一八事变后,日本侵占东北,对苏联的威胁更为增加。苏联为了防止日本入侵和避免卷入战争,采取了"中立"立场,对日本的侵略扩张采取了某种实用主义的态度。另一方面,苏联也积极改善对华关系。在中日危机日益严重的情况下,国内呼吁中苏联手的舆论甚嚣尘上。1932年12月12日,中苏终于宣布恢复邦交。对于南京国民政府来说,恢复与苏联的邦交,是为争取国际外援而迈出的重要一步。

中国与苏联虽然恢复邦交,但蒋介石根据既往与苏联的合作经验,不论是从国家利益还是个人情感出发,依然对苏联充满了不信任和戒备心理。1935年下半年由于华北危机,蒋介石在会见苏联驻华大使时暗示欲同苏联签订军事同盟。苏联方面表示,对中国抗战愿意给予力所能及的支持,但拒绝与中国建立军事同盟。实际上,中苏之间既有第一次合作到决裂的旧怨,又有眼前关于中共、外蒙、新疆和对日态度问题等方面的分歧,所以一段时间内,中苏合作障碍重重,进展迟缓,进退不定。直到西安事变后,中苏关系才开始渐上轨道。南京国民政府联苏的态势,不仅使日本对华行动有所顾忌和牵制,也为日后苏联对华援助打下了基础。

日本侵略东北,染指华北的扩张行径,严重损害了欧美各国在华利益,引起了他们的强烈不满。欧美各国虽然不愿为了中国的利益而与日本闹翻,对日本的侵略行为采取某种纵容和姑息的态度,但也绝不甘心于将他们的在华权益拱手相让。当南京国民政府允诺以优惠条件向他们伸出求援之手时,他们也趁势向中国发展势力。美、英主要在财政金融方面,德、意主要在军事及军火贸易方面,与中国建立越来越密切的联系。

自1933年4月中旬开始,南京国民政府行政院副院长兼财政部长宋子文对欧美诸国进行了长达4个月之久的访问。

宋子文访美期间,与美国总统罗斯福等多次会晤,双方就世界经济问题、中日远东纠纷问题、提高白银价格问题、对华借款问题、暂缓支付庚子赔款问题等，广泛交换了意见。中美签署了款额为 5000 万美元的《棉麦借款合同》。这笔借款是九一八事变以来，西方大国首次向中国提供大额借款，是美国从远东战略出发，对中国抵御日本侵略做出的一种援助姿态。

图 1-26　宋子文访美获得贷款

另外，美国应中国之请发表了《罗斯福—宋子文联合声明》，声明虽然没有点日本的名，但表明了美国对于中国受到侵略的不安和不满。在中国与日本政治、军事严重对垒并处于劣势的情况下，中美发表这样的联合声明，无疑是中国外交的胜利。

英国是在华拥有最大利益的强国，且中国周边毗邻亦多属于其殖民范围，但英国在对华问题上态度较为复杂。英国刚从世界资本主义经济危机的泥沼中挣扎出来，把经济复苏放在首位，与日本的和解在英国远东政策中占有重要地位。同时，面临德国在欧洲的威胁，英国政府认为不能同时与日本及德国进行战争。因此，在处理中日争端时，英国政府不敢刺激日本。例如,在中国币制改革中,英国政府担心单独对华借款会引起日本的强烈反对以及国际银行团其他成员国的疑忌,以致在最后关头也未能同意单独对华提供贷款。但是,英国于1935年同意把驻华公使提高为大使级,并派政府首席经济顾问李滋罗斯率经济使团赴华,协助中国实施币制改革,使中国采用英镑作为新币制改革的基础。在实施币制改革过程中,英国政府以《国王敕令》形式,命令所有在华英国银行、英国人和团体停止现银支付,接受南京国民政府"改革币制"的法令,否则以违法论处,这是对中国币制改革的有力支持。

宋子文向欧美各国揭露了日本侵华的真相,说明了中国自强救国的决心,声明中国不会采取"亚洲门罗主义",不会实行关税壁垒政策,公开宣布中国欢迎西方的资本与技能,以增进国际合作的方法提高生活、发展经济、开拓资源的目的等。宋子文欧美之行,是南京国民政府首次向世界公布"联合欧美,抵御日本"的方针,向世界公开了其奉行的亲英美路线,在一定程度上改变了《塘沽协定》后中国在外交上所处的被动地位。

宋子文在欧洲期间,两度访问法国,并访问德国、意大利,宣传南京政府的政策主张,谋求技术合作和经济援助。

第一次世界大战后,战败的德国军备受到严格限制,昔日驰骋疆场的军人强烈希望到海外一展宏图,德国为了在经济上抵御英法对它的排斥,也十分渴望发展中德贸易。蒋介石北伐后期,开始聘请德国顾问来填补苏联顾问的空缺,并有计划地从欧洲陆军强国——德国引进新式武器装备。

1933 年以后,德国纳粹党全面掌权并扩充军备,需要武器生产所必须的稀有金属矿产,而中国正好是这些稀有金属矿产的大国,故两国之间在各有所需的情况下展开了合作。战前,中国从德国购买了大量军火装备,并聘请德国顾问训练中国军队,协助中国修筑国防工事。1935 年 5 月,中德两国政府宣布将外交关系由公使升级为大使级。但 1936 年 11 月,德、意、日秘密签署《反共产国际协定》,德国一再表示,并非针对中国,中国采取隐忍静观的立场。中德关系蜜月期虽不似之前,但直到七七事变发生后,日本虽然强烈要求德国撤回军事顾问,但德国并未立即执行,中德之间的军火贸易也未停止。直到 1940 年夏季,在日本的一再抗议与交涉下,中德贸易才画上句号。中德之间的军火贸易支撑了抗战初期的国军战力,直到抗战中后期才逐步被苏、美制装备所取代。

图 1-27　1935 年间德国军事顾问塞克特建议在上海周边构筑的防御阵地,被誉为"东方兴登堡防线"

意大利作为一战时期协约国的一员,因战后并未得到其相应利益而不满,1921年经济严重危机,墨索里尼趁机发动政变,建立法西斯专政。1929—1933年世界经济危机,陷入困境的意大利政府为了在中国扩大贸易市场、原料产地和投资场所,并争取中国成为其盟友,对华采取积极改善关系的态度。1934年9月,中意两国代表在南京互换照会,同意将公使升格为大使级。意大利侵略埃塞俄比亚,国联通过决议,制裁意大利的侵略行径,中国投了赞成票,引起意大利不满。日本乘虚而入,对意大利政府挑拨离间,中意关系趋于冷淡。1936年,德、意、日签署《反共产国际协定》后,意大利成为日本的同盟者。

九一八事变发生后,中国自知以一弱国难以独自抵挡日本的侵略,因此在对日进行有限的抵抗之下,主要采取隐忍妥协的外交,从而争取国防建设的时间,以拖延战术等待国际局势的变化。另一方面,南京国民政府利用英、美、法、苏、德、意等大国在华不同利益诉求及与日本之间的矛盾,努力改善与各大国的关系,并争取其同情和经济援助,与其进行军事等各方面的贸易。这一时期,各国有自己的国情和困难,例如,苏联仍在进行经济建设与国防准备中,无意与日本开战,而美国在华利益少于英法诸国,且国内孤立主义情绪日趋严重,英法两国把经济复苏放在首位,且面临欧战的危险,所以均不愿在远东与日本公开决裂,而是采取与日和解的政策。所以这一时期,西方列强对于中国虽有一定同情和援助,均未达到中国的预期。但南京国民政府与大国改善关系的各种外交努力,在国际上最大限度地孤立了日本,奠定了日后南京国民政府与各大国结盟的关系基础。

第二章 全国抗战初期的艰苦奋斗(1937—1941)

一、中国全面抗战御侮

卢沟桥建于八百年前的金代,以科学合理的设计、精美绝伦的雕刻而闻名遐迩,著称于世。早在13世纪,意大利旅行家马可·波罗便为其吸引,称之为"世界上最美的桥梁之一",因此西方世界广泛流传着"马可·波罗桥"的称谓。这个极富诗情画意的地方,却因一场决定民族命运的战争,而为所有的中华儿女铭记。

1937年7月7日,面对强邻不断的挑衅,面对侵略者的炮火,驻守卢沟桥的中国将士以自己的鲜血谱写爱国的壮丽诗篇。永定河两岸,许多壮士献出了宝贵的身躯,七七卢沟桥抗战,中国的抗日战争进入了全民族抗战的新阶段。

1. 卢沟桥的枪声

九一八事变后,日本侵占全中国的野心从未消停,而中国人民抵御外敌的决心更是日益高涨。两种高昂的情绪让华北的空气中充斥着火药味。1937 年的 7 月 7 日，北平郊外风景秀丽的卢沟桥会演变为东方的"萨拉热窝"，虽出乎所有人的意料之外，却也在历史发展的情理之中。

从 1937 年上半年起，日本在华北调兵遣将，动作频繁，华北驻屯军司令部设于天津，下属部队分驻通县、塘沽、唐山、秦皇岛及山海关等地，从东、西、北三面对北平形成包围之势。自从日军进驻丰台以后，便常以演习为由，在卢沟桥附近挑衅。起初不过是昼间演习，射击也只是虚弹，而后变本加厉，发展到夜间演习、实弹射击，频率更是从每月一次变为三五日一次。中国方面不断提出抗议，日方先是置若罔闻，后经多次交涉，日方才同意在有实弹演习的时候，提前通知中方。

由于《塘沽协定》与"何梅协定"的限制，国民政府的中央军不能驻扎在平津一带，当时负责此处防务的中方第二十九军军长宋哲元原属西北军。二十九军的一部驻扎在卢沟桥

图 2-1　余晖下的卢沟桥

附近的宛平城内,该部曾在长城喜峰口英勇抗敌,后来随宋哲元进驻平津,深受抗日救亡运动的影响,官兵满怀爱国热情。针对日军的军事演习,二十九军在 1937 年 5、6 月间增派兵力,加强了对卢沟桥一带的防务,在日军经常演习的地方增设岗哨,加强警戒。同时,为打击日军的嚣张气焰,二十九军所部也在永定河左岸举行军事演习。

一方是百般挑衅,侵略的爪牙在黑暗中显露,一方是同仇敌忾,抗争的决心日趋坚毅。卢沟桥的上空笼罩着战争的阴云,双方冲突一触即发。

7 月 7 日晚上,日军又在卢沟桥周边地区实弹演习,开火的枪声划破寂静的夜幕,人们虽然有些习以为常,但仍觉得胆战心惊。果然,意外发生了。与平日不同的是,这一次日军突然宣称有一个士兵在演习中失踪了,要求进入宛平城搜查。驻守宛平城的中国军官立即对此事进行调查,并没有发现失踪日军士兵的踪迹。日军对此回复不满意,要求进城搜查。此无理要求被拒绝后,日军声称若不允许入城搜查,则将武力进城。消息传到北平,由于宋哲元不在城中,北平市长兼二十九军副军长秦德纯暂时处置事宜。他为防止事态扩大,急忙派出代表与日方交涉谈判,决定先由中日两方面派员同往宛平城调查,等调查情况明了后再商谈处理办法。正当双方谈判之际,日军已暗地中调遣周边部队赶赴卢沟桥增援。秦德纯等出于对日军的戒心,以及捍卫国权的责任,即要求驻防宛平和卢沟桥的守军严密戒备,坚守阵地,时刻准备应战。

7 月 8 日凌晨 4 时,双方谈判代表前脚才进宛平城,日军增派部队就到达卢沟桥,迅速与原在此处演习的部队一起包围了宛平,随后即以猛烈的炮火轰击宛平城内和卢沟桥。面对日本的蛮横挑衅,中国驻军忍无可忍,立刻还击,与日军展开激战。这就是举世震惊的"七七事变",又名"卢沟桥事变"。

日本军方的野蛮行径,已经突破了中国军民的底线,不仅激怒了二十九军的官兵,更激怒了北平的工人、农民、学生和商人。北平的工农群众积极支援二十九军抗敌,例如长辛店铁路工人,就运送大批枕木、铁板和铁轨,帮助宛平驻军修筑了坚固的阵地。北平郊区的农民协助输送粮食、饲料、燃料到前线。红十字会等团体,则组织发起庞大的战地救护队,为将士们提供救护工作。全国军民听闻卢沟桥战事兴起,抗日活动风起云涌,坚决要求抵御日本,捍卫祖国疆土,誓为二十九军将士及华北民众提供坚强后盾。

图2-2 奋起反抗的二十九军将士

　　二十九军的抵抗,让日军的行径一时受阻。为实现其战略意图,用战场上的优势来逼迫国民政府,日本开始从东北、朝鲜甚至本土调遣军队。日本内部在卢沟桥事变应对态度问题上分成了两派:一部分人主张升级战争,称现在正是给予中国沉重一击并摧毁国民政府的良机;而另一部分人则认为日本还没有做好与中国开战的准备,而且苏联有伺机进攻日本的可能。无论哪种态度,日方的最低要求,都是借事变的态势,逼迫中国在华北问题上妥协让步,使之成为日本的势力范围。

　　国民政府在事变发生后,一方面仍作争取和平解决事变的努力,另一方面立即做好紧急应付战争的准备,表明中国不可欺侮的立场,要求日本政府严令肇事日军立刻撤回原防。事变爆发的第二天,中国外交部针对日军的挑衅,口头向日方提出严重抗议,要求停止扩大事态,立谋和平解决事变。但日本仍不断向华北派兵,意图扩大战事。7月11日,外交部发表声明,指责日军违反与华北当局撤军停战的约定,要求日本制止军事行动并撤兵。与此同时,军事委员会立即部署与华北当局宋哲元有渊源的几支部队——孙连仲第二十六路军、庞炳勋第四十军、高桂滋第八十四师等部队调动北上。同时几支中央军渡过黄河,伺机而动,以做应战部署。

　　面对国民政府以和平方式解决事变的努力,日方置之不理;而中国应对日军增兵平津而调兵北上的自卫准备,反被日方认为事变责任在于中方。此外,日方还蛮横地认为事变应当就地解决,拒绝由国民政府处理事件,从而离间南京与华北当局的关系。

不畏鲸吞，但惧蚕食。日军无非是通过一次又一次地方事件，从而一步又一步侵占中国。倘若华北拱手相让，日军必然得寸进尺，那么下一个"卢沟桥"仍会上演。面对日本的无理请求与蛮横行径，中国政府放弃对事变和平解决的幻想，决心运用全力应战。从卢沟桥响起的枪声，最终化为两国的全面战争！

2."最后关头"的到来

卢沟桥事变的次日，中国共产党即通电全国，要求全民族实行抗战，立刻给进攻的日军以坚决反击。毛泽东、朱德、彭德怀等致电蒋介石，要求"实行全国总动员，保卫平津，保卫华北，收复失地"，并且表示"红军将士咸愿在委员长领导之下，为国效命，与敌周旋，以达保土卫国之目的"。

身处前线的第二十九军将领联名致电国民政府，表示了誓死抗战的决心。在民众激昂的抗日声中，地方实力派将领也纷纷发表通电、讲话。7月15日，曾几次参与"倒蒋"的桂系领导人李宗仁致电蒋介石，呼吁"为应付目前重大事变，应即实行全国总动员"。此举得到各地响应，广东的余汉谋表示："枕戈达旦，愿效前驱，彼虏虽强，我能持久抵抗，最后胜利，终将在此，而不在彼也。"四川的将领刘湘也表示，川军"愿在政府领导下，作不顾一切的为民族求生存战"。云南的龙云激昂地说："方今紧迫之际，凡属袍泽，同声愤慨，自无不乐为前驱也。"各地方实力派将领纷纷请缨抗日，通电遵令整军待命。

全国上下抗日情绪高昂，各党派、各方力主抵抗。7月17日，国民政府军事委员会委员长蒋介石在庐山发表谈话，讲到中华民族已到最后关头:"全国国民最要认清,所谓最后关头的意义,最后关头一至,我们只有牺牲到底,抗战到底!"他继而讲到:"我们知道全国应战以后之局势,就只有牺牲到底,无丝毫侥幸求免之理。如果战端一开,那就是地无分南北,年无分老幼,无论何人,皆有守土抗战之责任,皆应抱定牺牲一切之决心。"蒋的讲话向世界宣示了坚定的抗战决心,得到了全国各界一致的认同。

上海抗敌后援会于 7 月 22 日召开各界大会,表示拥护庐山谈话,"全体一致,誓以血诚"。曾经因主张抗日而身陷囹圄的沈钧儒、邹韬奋等"救国会七君子"获释,也通电拥护蒋介石的讲话。8 月,国民政府召开军事会议,共同谋划对敌策略,决定中国的命运。国民政府的领袖蒋介石,共产党

图 2-3　蒋介石发表"庐山讲话"

的代表周恩来、朱德、叶剑英，叱咤一时的军事强人阎锡山、李宗仁，甚至多年不出省的地方实力派刘湘、龙云等齐集一堂。此前，中国各党各派因为内部纷争、兄弟阋墙，而难以团结御敌。卢沟桥事变后，全中国人民团结起来了，全民族抗战的局面形成。

兵戎相见多年的国共两党冰释前嫌，是全面抗战的重要标志。西安事变的和平解决，为国内各势力的团结提供了契机。1937 年初，中国共产党就向国民党提出两党合作，建立抗日民族统一战线的主张，但由于双方之前成见颇深，故未能迅速达成一致。"卢沟桥事变"爆发，中华民族处在危急关头，形势已刻不容缓，各方对两党合作、共同抗日的呼声越来越高。为尽快促成国共两党合作抗日，中国共产党派遣周恩来、秦邦宪、林伯渠等为代表，赴庐山与国民党谈判。在双方谈判过程中，虽然一度有过分歧与僵局，但面对民族存亡的大事，两党终于尽弃前嫌，携手合作。7 月 15 日，中共代表团向蒋介石提交了《中共中央为公布国共合作宣言》，以表达中共坚持全民族团结抗战的诚意。8 月 22 日，国民政府军事委员会正式发布改编命令，将红军改编为国民革命军第八路军（9 月 11 日改成第十八集团军），下辖 3 个师，以朱德、彭德怀为正、副总指挥。9 月 22 日，国民党通过中央通讯社发表了《中国共产党为公布国共合作宣言》。23 日，蒋介石发表《对中国共产党宣言的谈话》，指出团结御侮的必要，认为"此次中国共产党发表之宣言，即为民族意识胜过一切之例证"，在事实上承认了共产党在全国的合法地位。这个宣言与蒋介石的谈话，宣布了国共两党第二次合作的正式成立。

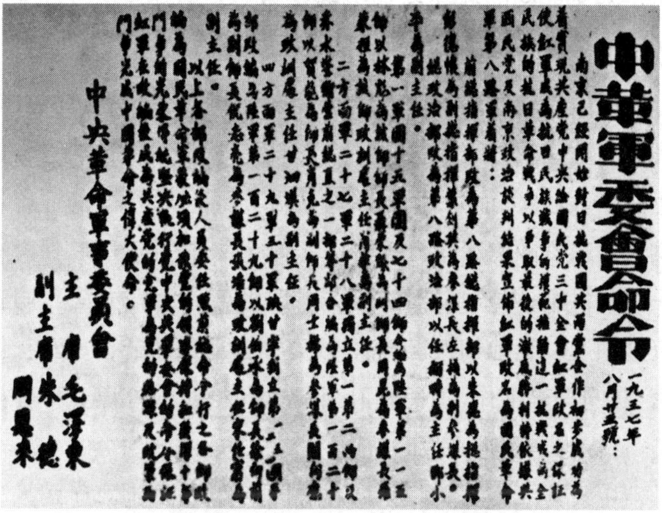
中華軍委會命令

一九三七年八月廿五號

中央革命軍事委員會

主　席　毛澤東

副主席　朱　德　周恩來

图 2-4 中共中央发布红军改编命令

国民政府为应对抗战,团结各界,首先设立国防最高会议,作为全国国防最高决策机关。其成员包括了国民党中央、国民政府各部门及军事委员会的长官,由军事委员会委员长蒋介石担任主席,能更加充分地调动各部门力量集中用于全国抗日战争之需要。早在抗战准备阶段,国民政府就预备将全国划分成若干作战区域,以期分工合作。1937 年 8 月 20 日,正式宣布了五个战区:第一战区作战地域为河北及山东北部,蒋介石兼任司令长官(不久由程潜出任);第二战区作战区域为山西、察哈尔、绥远,司令长官阎锡山;第三战区作战地域为江苏南部和浙江,司令长官冯玉祥;第四战区作战区域为福建、广东,司令长官何应钦;第五战区作战区域为江苏北部和山东,司令长官仍由蒋介石兼任(不久由李宗仁调任),副司令长官为韩复榘。随着抗战形势的变化,战区的数量与各战区的作战区域不断调整，全国曾经达到过十个战区。

国民政府在国家进入抗战状态后，即下令全国抗战总动员。为适应战争需要，相继公布《军事征用法》《国民工役法》等法令，以强化征兵，保证战时兵源；公布《战时粮食管理条例》《食粮资敌治罪暂行条例》，以实行战时经济统制，保障军民粮食供给；财政部亦通过《非常时期安定金融办法》，防止资金抽逃。其他如人口疏散、政府办公地点的迁移、防空、保密、防间谍等工作，国民政府当局也有相应的筹谋。种种措施，皆标志全国进入战时轨道。

中日开战，两国实力可谓强弱悬殊：中国地域辽阔人口众多，却还是农业为主、工业发展极不均衡的传统国家；日本虽小，但已是进入工业化的现代强国。单论军事力量，日军陆、海、空三军体系齐全，武器先进，并且有一整套完整的参谋作战体系，战术运用灵活，战场部署严密，单兵战斗能力强，更有三军协同作战能力，海空火力支援到位。反观中国，到全面抗战前夕，陆军人数看似众多，但是部队编制、器械及训练都相当落伍，大多战力低落，且没有后备动员能力。中国空军与海军均处在起步发展阶段，三军协同作战自是难上加难。除此之外，日本十分注重情报搜集工作，不仅对中国各地险要地形、堡垒要塞都制作有精确的地图，而且还搜集研究中国相关军政要员的情报信息，从而分析制定相应的应对策略。

纵使日本占尽优势，情报搜集齐备，但有一项影响胜败的关键因素，日本却长期忽略无知。这项因素，就是中华民族殊死抵抗的民族精神——在进入民族危亡的生死关头,绝不妥协、团结一致、死战到底。

3. 淞沪会战

卢沟桥事变后,日本各媒体都在第一时间抢发消息。影响甚大的《朝日新闻》以"日支两军交战,支那兵非法射击"为题,报道了事变,并配有照片,内容任意歪曲事实,诬称中国士兵"非法射击"造成双方交战。大量不实的新闻报道火上浇油,指责是中国军队不断挑衅、肆意扩大战事,危害日本"合法利益",极大地煽动了日本民众的情绪,纷纷谴责中国军队"无理",支持日本政府"膺惩"中国、扩大战争的决定。日本社会普遍沉浸到战争的狂热中,各阶层都为侵华战争出钱出力。民间的反应,也强化了政府与军部扩大战争的决心。

日本不断向华北派遣援军,中国守军虽拼死反抗,但在优势敌军的攻击下,寡不敌众,伤亡惨重。7月29日,古城北平沦陷,30日,天津也落入日军之手。随后,日军即以平津为基地,向西、向南进犯,中国的北大门已经洞开。

一旦中日全面开战,战场就不可能只限在华北。日本想速战速决,在占领平津后,日军一直试图寻求在华北与中国军队主力决战。国民政府鉴于华北无天险可守,中央军并不部署在当地,贸然大军北上,反而有被日军聚歼的风险。日军在上海有驻兵,可以南北对进,但若开辟多个战场,也意味着扩大战线,分散力量。上海是中国的经济中心,距国民政府首都甚近,早在1935年战略计划中,中方便有将敌军吸引到上海战场的构想,在附近修筑了大量的国防工事,不少王牌精锐部队驻扎在周边。从 7 月底开始，上海战云密布，中日双方频频调兵遣将，局势逐渐紧绷。到 8 月上旬，日军在上海集合了八千人的部队，船舶约达 32 艘。

8 月 9 日下午，日本海军陆战队一名中尉带着水兵驾车到上海虹桥机场附近，越过警戒线，不服中国保安队的制止命令，被当场击毙。日方以此为借口，要求中国保安队从上海"撤退"，中方理所当然拒绝了这种蛮横要求。在上海附近集结的中国军队第八十七、第八十八师开始进驻上海，有"制敌于先"之势。双方剑拔弩张，战斗一触即发。

8 月 13 日，中国第八十八师的先头部队在八字桥和日军遭遇，淞沪战事正式打响。14 日，第八十七师在江湾、第八十八师在闸北，同时发起进攻，目标是日本海军陆战队司令部以及日商公大纱厂。面对中方突然展开的猛烈攻势，日军猝不及防。然而中国军队武备上处于劣势，只能以步枪、迫击炮进攻，无法压制日军的反抗，伤亡惨重而不能一击制胜。8 月 23 日，日军以松井石根率领的两个增援师团登陆长江南岸，上海战事从市区的攻防转入大规模阵地战阶段。

国民政府于 8 月 14 日发表《自卫抗战声明》："中国为日本无止境之侵略所逼迫，兹已不得不实行自卫，抵抗暴力。……中国决不放弃领土之任何部分，遇有侵略，惟有实行天赋之自卫权以应之。"日本政府则在 15 日发表《帝国政府声明》，宣称"为膺惩中国军队的暴戾，以促使南京政府之反省，今即采取断然措施"。随后于 17 日宣布放弃所谓的"不扩大方针"。9 月 2 日，日本将对华战争由原先的"华北事变"改称为"支那事变"（"中国事变"），表明日本决心全面占领中国。

图 2-5　淞沪战场上的中国士兵

上海,是整个民国时期,中国最繁华、最现代化的地区。从鸦片战争以来,随着列国强设租界,无论是工商企业、生产方式,还是与外部世界的联系,上海皆开风气之先。上海,是西方人在中国的"化外之地",是冒险家与投机分子的乐土,是平民百姓眼中的"十里洋场"。

1937 年 10 月底,这座生机勃勃的国际大都市,却早已卷入战火近三个月。居住在这里的外国记者,向世界传递着战事的恐怖:"爱多亚路上死尸累累,炸后之各种残骸,堆积如山,陈于大世界游戏场之侧,污泥碎屑及秽物垢土满布尸体之上,为状恶劣,惨不忍睹。"

随着上海战事的不断扩大,双方都不断增兵前线。中方开始从各省大量动员,到 10 月,国民政府除调集中央嫡系军队外,先后调集粤军、桂军、湘军、鄂军、川军、东北军等部队,在淞沪战场上总共投入了 70 余万人，占当时中国军队数量的三分之一。日本也由国内调兵增援，到 9 月中旬，在沪军队已达 10 万人，飞机增至 200 余架，速度之快，大大超出中国方面的预估。10 月 17 日，日军又从华北战场抽调第十六师团开赴上海，投入淞沪战场合计达到 30 余万，而此时华北战场日军为 20 余万。中日战场的主战场无疑从华北转移到了上海。

日本军队凭借着陆海空三军的协同配合，以昼夜不息之势向中国的阵地倾泻火力。在战壕中，中国军队英勇抵御，寸土必争。这些军队中，有装备优良的中央军德械部队，更多的是从全国各地增援过来的部队：广西军队头戴英国圆盘钢盔、身挂木柄手榴弹，云南军队穿戴法式头盔、蓝灰色军服，还有撑着竹伞进入火线的四川军队。穿着装备各异的中国军人，怀着保家卫国的赤诚之心，誓与日军决一死战。

中国参战部队人数众多，却受限于运输条件，加上淞沪战场狭小，只能逐次投入战场。中国士兵在战场上勇猛顽强的表现足以让日军与各国军事观察员刮目相看。日军战史记载，中国军队即使遭受猛烈炮击，也不退出壕沟，直到日军步兵出动，才能加以驱逐。9 月 1 日，日军猛攻狮子林阵地，该处中国守军机枪被毁，连手榴弹都用尽，便与日军展开肉搏，白刃战达 4 小时之久，直至狮子林失陷。9 月 6 日，奉命死守宝山县城的第五八三团第三营官兵共五百人，在营长姚子青率领下顽强作战，遭受日军舰炮、坦克、火炮三面夹攻，最后全部殉国。

双方鏖战至 10 月下旬。日军于 10 月 25 日攻破大场阵地,对中方阵地后方迂回包抄,迫使中国军队向苏州河南岸撤退。当时第五二四团由谢晋元奉令率第一营四百余官兵(号称八百人)坚守闸北大陆、金城、盐业、中南四银行(简称"四行")仓库4天4夜,成功地掩护大部队转移,被称为孤守四行仓库的"八百壮士"。面对日本主力部队的狂攻猛打,中国军队损耗殆尽,难以维持战线。11月5日,日本一支水陆两栖部队在上海西南150公里处的杭州湾金山卫附近登陆。当地本有右翼集团军防守,但因淞沪前线吃紧,不少部队被调去上海参战,这使得日军得以登陆成功,并迅速包抄淞沪,对中国军队形成合围之势。为了避免更大的伤亡,中方主动从上海战场撤退,历时三个多月的淞沪会战告终。

图2-6　谢晋元和保卫四行仓库的壮士

淞沪会战的结果，虽然中国在战场上失利后撤，却在战略上取得一定的主动。国民政府在淞沪战场几乎倾尽中央军的精锐部队，在上海苦战90多天，向全世界证明了其坚持抗战的决心。会战期间，中国东部的工厂设备、高校与党政机关，基本完成了向西部的转移，为长期抗战保存了力量。日本在华北投入大量兵力后，又进一步在华东增兵，使原本不在中国投入过多兵力的战略构想破灭。淞沪会战持续了三个月，更是让日本叫嚣的"三个月灭亡中国"成为空话。

在达成这些目标的背后，中国也付出了惨痛的代价，精锐军队在上海战场上苦战耗尽，坚守时间过长，失去了主动撤退转移的最佳时机。临时撤退时，各部队方寸大乱，军纪涣散，没有实现逐次抵抗，使得战前国民政府在上海与南京之间修筑的几条国防工事——有钢筋水泥碉堡的"吴福""锡澄"等线，未能发挥预想的"节节抵抗"作用。日军得以长驱直入，兵锋很快抵达中国的首都——南京。

4. 南京沦陷

中国从淞沪战场撤离后，日本大本营中一度出现"限制进攻"，暂停进攻南京的声音，但是军部，尤其是前线日军将领认为，只要加强逼迫，占领中国首都，就能让中方屈服求和。12月1日，日军攻占江防要塞江阴，完成对南京东面的包围。同日，日方大本营下达"攻占敌国首都南京"的第八号敕令。

南京，历史悠久，虎踞龙盘，为六朝古都。北伐战争胜利后，南京成为中华民国的首都。20世纪30年代，在这个古老的城市中，一座座宏伟的大厦建筑拔地而起，正朝着现代化都市的方向发展。

在日军的攻势之下,对于南京是战是弃,国民政府内部意见不一。在11月中旬蒋介石召集的军事会议上,陈诚、白崇禧、刘斐、何应钦、徐永昌等多数高级将领以南京孤立、无现代要塞设备,主张只做象征性的防守,在适当抵抗之后主动撤退,以保存力量,反对"固守"南京。而唐生智则认为南京为国家首都、孙中山总理陵墓所在,为"国际观瞻"所系,"在首都不可不作重大牺牲",主张固守。面对争论,蒋介石一时拿不定主意,在固守还是放弃南京之间"踌躇再四"。最后,他认为作为首都的南京地位与影响均重要,坚守南京足以表现抗战的意志和决心,并可牵制敌军,使其他部队得到整补的机会。11月19日,蒋介石任命唐生智为南京卫戍司令长官,负责守卫南京,规定的作战期限为3个月至1年。

南京守军大多是淞沪撤下来的残破部队,兵员疲惫,号称有八万将士,实际上战斗兵员严重不足,其中还有三万名刚拨补的新兵,只是接受简单训练,刚学会如何瞄准开枪,就被派上战场。

参与南京保卫战的中国官兵面对强敌,依旧奋力抵御,寸土必争。12月7日,日军开始向南京城外围阵地淳化、龙潭一线阵地猛攻。淳化周边的战斗激烈异常,中方伤亡1400余人。日军突破淳化阵地后,直逼南京城垣。9日,曾有小股日军从光华门窜入南京城内,虽迅速被歼,但此后城门随破随堵,濒危数次,南京危在旦夕。

南京保卫战情势危急,蒋介石于12月11日向唐生智发出命令,如战局不能持久,可相机撤退。唐生智于12日令守军撤退,因事先缺乏周密部署,各部队仓促惊慌,堵塞拥挤,秩序混乱,一如淞沪战场之撤退。12 月 12 日夜,日军攻破雨花台,中国守军激烈抵抗,与阵地共存亡。整个南京保卫战中,力战殉国的将士,不计其数。

1937 年 12 月 13 日,南京沦陷。断垣残壁之下,霎时间成了一座黑暗无光的人间炼狱。日军攻入南京城后,残暴地对手无寸铁的无辜百姓进行无差别大屠杀,古城内血流成河,到处是屠场。日军先是在城内外搜捕未及撤退的守城残兵,被俘的中国士兵在交出武器投降后,被日军在长江边等处一批批地用机枪扫射处决,人数多达 3 万人。日军更丧心病狂地认为,一般青壮年可以视为败残兵,或是便衣兵,大屠杀制造的恐怖可以摧毁中国人民的抗日意志。于是处理俘虏的手段很快演变成灭绝人性的、针对南京平民的有组织的大屠杀。日军所犯下的罪恶,罄竹难书!

图 2-7 南京陷落后的惨状

侵占南京的日军全军上下视中国人民生命为草芥,违反战争人道。最令人发指的是,日军竟然有少尉向井敏明与野田毅进行杀人比赛,看谁先杀满100个中国人。1937年12月14日,日本《朝日新闻》居然鼓吹这场杀人比赛:"向井少尉已杀死106人,野田少尉已杀死105人,但不能决定谁先杀死100人。"日军疯狂的屠杀持续到次年三、四月份,南京城内外死尸横陈,堆积如山。据不完全统计,在南京大屠杀过程中,中国军民被枪杀和活埋者达30多万人。

兽欲横行的日军还对手无寸铁的中国妇女进行奸杀,其手段之残忍、行为之卑劣,实为历史上绝无仅有。《远东国际军事法庭判决书》认定:"有许多强奸案例。无论是受害者还是试图保护受害者的家庭成员,只要有反抗,死亡是很寻常的惩罚。全城众多的少女和老妪被强奸。伴随强奸,还有许多变态和虐待狂的事例出现。许多妇女在被强奸后遭杀害,尸体被毁坏。被占领后的第一个月中,南京城里发生了近2万起强奸案。"而据主持难民区国际人士之粗略估计,当时南京城受到凌辱的妇女,不下8万,其中有6万多名因拒绝被强奸而死难。

抢劫、焚烧也是日军在南京实施的暴行。商店、民宅、公共场所,只要是日军值得拿走的,全遭到了洗劫。而中国军政机关、文化古迹、居民住宅,则是被大肆焚烧。尤其是从太平路到新街口、从中华门到内桥以及夫子庙一带繁华区域,大火焚烧数周之久,多少房屋化为灰烬。

日本不仅在南京制造如此残暴、举世震惊的惨案,在此前后,日军在占领各地所进行的杀戮,同样触目惊心。日军反人类的暴行,不仅不能让中国人民屈服,反而更加增强了全民族抗战到底的决心。日本攻陷南京后,侵略的气焰更加

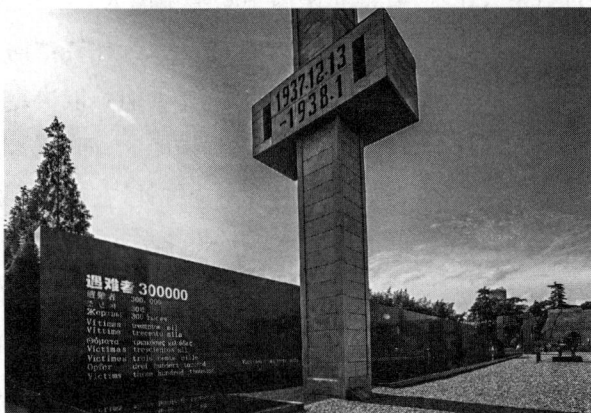

图 2-8 南京大屠杀遇难者纪念碑

嚣张,向国民政府提出了苛刻的逼降条件。国民政府表示,日本所提条件,等于灭亡与征服,与其屈服而亡,不如战败而亡,绝不投降。

早在全面抗战爆发之前,国民政府为准备持久抗战,就已把西南地区,尤其是四川选定为抗日战争的后方基地。从1937年10月起,上海战局转危,国民政府准备开始西迁。11月20日,国民政府正式发表移驻重庆的宣言:"国民政府兹为适应战况,统筹全局,长期抗战起见,本日移驻重庆,此后将以更广大之规模,从事更持久之战斗。"国民政府主席林森率政府机关人员迁址重庆,而一部分中央机关和军事指挥部则坐镇武汉,誓将与日本作长期抗战。

南京沦陷当天,蒋介石即发表通电表示:"国军退出南京,绝不致影响我政府始终一贯抵抗日本侵略原则之国策。"随后蒋在12月15日的《告全国国民书》中讲道:"中国持久抗战,其最后决胜之中心,不但不在南京,亦且不在大都市,而实寄于全国之乡村与广大强固之民心……我全国同胞,不屈不挠,前仆后继,随时随地,皆能发动坚强之抵抗力。敌武力终有穷时,最后胜利,必属于我。"

狂妄自大的日本政府,却在1938年1月16日由内阁首相近卫文麿发表对华声明,将"不以国民政府为对手",甚至认为这种态度"较之否认该政府更为强硬",因此"更不需要发布宣战布告"。作为回应,国民政府也于同月18日发表宣言,声明维护中国领土主权之完整,不承认一切由日本扶植的伪政权组织。由此中日双方互相撤回大使,外交关系正式断绝。近卫声明表明,日本在短期内解决侵华战争已不可能,其终将陷于持久战争之泥潭。

为了检查抗战以来的全国工作,统一内外各方面的认识,更是为之后的新阶段确定路线、方针和政策,1938年3月29日至4月1日,中国国民党在武汉召开临时全国代表大会,包括共产党在内的全国抗日力量也派代表观摩了会议。此次大会通过并发表了宣言,确定了抗战到底的方针。宣言指出:"此抗战之目的,在于抵御日本帝国主义之侵略,以救国家民族于危亡,同时于抗战之中,加紧工作,以完成建国之任务。""吾同胞同志惟有并力以赴,不达目的决不中止。"本次大会还修改国民党党章,在党章中加入"总裁"一章,确立全党领袖制度,由蒋介石出任国民党总裁。在施政方针问题上,大会制定的《抗战建国纲领》与国民参政会的设立尤为重要。国民参政会是国民政府在抗战期间,联合各党各派领袖、学者名流、海外侨胞以及经济界有信望人士,集思广益,团结力量的重要机构。

从卢沟桥事变到"八一三"淞沪会战,中日之间的冲突从地方事件一路上升为全面的对抗。战争的爆发,虽一度出乎两国高层的意料,但日本军部势将趁此灭亡中国的狼子野心,路人皆知。从卢沟桥的第一声枪响,再到南京城里烽火四起,中国军民抗击外敌决不停息。迁都重庆,召开"临全大会",全国抗日力量空前团结。在政治上,国民党与共产党等党派共商国是,逐步进入战时体制;在军事上,全国军民协力作战,使日军陷于腹背受敌的泥潭之中,难以自拔。

二、全面抗战战略的确定

面对强敌日本的侵略,中国军民自不能坐以待毙,而是奋起抵抗。面对敌强我弱的局面,如果只是有勇无谋,中国仍将有亡国之虞。早在两国交战之前,不少仁人志士便在思索如何抵御日本,寻求克敌制胜之道。著名军事学家蒋百里在其代表作《国防论》中,主张实施持久战以打破日本速战速决之企图。

为了击碎日军速战速决战略,中国军队殊死抵抗,本来就处于劣势的空军、海军,几乎拼光了全部的家底。

1. 正面战场的抵抗

中日主力在淞沪战场鏖战的同时,华北的日军于1937年8月底将原来的"中国驻屯军"改编为"华北方面军",兵分三路,沿着平绥路、平汉路、津浦路向华北各地发起进攻。

日军以炮击和飞机轰炸,于 8 月 8 日开始向南口进攻,12 日总攻南口和居庸关。中国守军英勇搏战,战斗激烈异常,使日军的攻击进展缓慢,不得不增加兵力。尽管中国守军连日血战,但因伤亡过半,情势危急。日军先后攻下南口、张家口、大同,破开了山西的北大门,从此山西成为华北地区抗日最重要的战场。

国共两党实现合作抗日,中共中央将红军主力改编为国民革命军第八路军(后又组编为第十八集团军)。1937 年 9 月,八路军进入山西境内,加入阎锡山的第二战区序列,参与太原会战。八路军第一一五师,在地形有利的平型关成功伏击日军号称"钢军"的第五师团的一部及辎重车队,经浴血死拼,歼敌一千余人,取得八路军出师以来打的第一个大胜仗。蒋介石两次致电祝贺嘉勉。"平型关大捷"虽然只是太原会战的一部分,但胜利极大地鼓舞了各战区的士气,提高了八路军的声望。

在山西战场作战的第二战区部队,除阎锡山的晋绥军、中央军嫡系和八路军外,还有远道而来的川军第二十二集团军。他们分别在晋北忻口与晋东娘子关与日军激战。在日军的猛攻下,中国守军虽然抵抗顽强,但连日苦战,伤亡很重。11 月 4 日,山西省政府因太原已受日军威胁,迁移至临汾。11 月 8 日晚,经过一番苦战后,守备太原的傅作义军队撤退突围。次日,太原沦陷。

经过华北、华东地区的作战,日本虽然占领了大部分城市,但中国并未像日方预期的那样求和妥协。日军在南京所施行暴虐的杀戮,更加激起中国军民的抗战意志。国民政府

图 2-9　八路军一一五师在平型关伏击日军

此时迁都重庆，最高军事指挥机构则驻守武汉。日军如想实现其侵略目标，迫使中国投降，就必须更加深入中国的腹地。侵华日军在部队扩编完成之后，决定沿着津浦铁路发起一次南北对进的大规模攻势，打击中国军队剩余的主力，并将华北、华东占领区连成一片，进而彻底瓦解中国继续抗战的能力。对于中国而言，奋起抵抗，粉碎敌军的战略目标，是刻不容缓的任务。双方的焦点都聚集在了津浦与陇海线的交汇处，一场大战将降临在徐州附近。

　　负责徐州会战的是第五战区司令长官李宗仁。李是桂系地方实力派的首领，长期与南京国民政府对立，然而面对日本入侵的民族危机，李宗仁等桂系军人毅然服从大局，奔赴抗战前线。在第五战区内，除了追随李宗仁从广西出省作战的桂系部队，还有原属各地方实力派的军队，如东北军、西北军，甚至有从四川远道而来的川军。他们长途跋涉，武器装备简陋，然心中汹涌的抗战之情,使他们甘愿离乡万里,为国捐躯。

日军要进攻徐州,首先要突破的是山东。出身西北军系统的山东省主席韩复榘,任第五战区副司令长官兼第三集团军总司令,负责山东军事,承担黄河防务。他对于抗日战事心存观望,有保全实力的念头,不肯全力作战。1937年12月下旬,韩复榘不顾中央的命令,在日军试探性进攻济南后不久,就自动放弃了山东省省会,使得黄河天险,形同虚设。上级几次要求反攻,韩复榘不仅没有积极收复济南,还放弃了济宁、泰安等城,造成徐州北面门户洞开,打乱了第五战区的部署,使战局对中方极为不利。

蒋介石对韩复榘畏敌抗令、不战而退的行径大为震怒,决心严惩,以儆效尤。1938年1月11日,韩复榘被逮捕,旋即被军事法庭判处死刑,并立即处决。此举震慑了中国军队各战区的军事将领,一定程度上严肃战时军纪,加强管理,统一军令,坚定军民抗战之决心。

日军从山东南下,欲直取徐州,由于前期进军过于顺利,使得日军上下轻视中国军队。第五战区司令长官李宗仁调整防御部署,决定采取节节抵抗、诱敌深入的战术,吸引日军部队孤军南下,寻求战机。在山东南部小镇台儿庄,一路冒进的日军进了中国军队的圈套。4月2日,中国军队成功攻下台儿庄北部的两下店、界河,切断了敌军后援。日军为解台儿庄正面之围,迅速派出第五师坂本支队驰援,但被奋力作战的中方第五十二军包围在兰陵北面的秋湖地区,台儿庄附近之敌是"困兽犹斗"之势。李宗仁于4月6日赶赴台儿庄,亲自指挥对日军的全线进攻。中国军队突入台儿庄内,

图 2-10　指挥台儿庄战役的李宗仁将军

与日军展开肉搏战。日军被围多日,力战不支,溃不成军,遗尸遍野。至 7 日夜,日本濑谷部队大部被歼,余部撤往枣庄、峄城。日军两个精锐师团遭受重创,伤亡近两万。中国军队成功收复台儿庄,取得大捷。

台儿庄的胜利,极大地鼓舞了全国人民的士气,增强了全民族抗战的信心。不仅国内的舆论对此宣扬,连外国人也从这场战役中看到中国抗日的决心与胜利希望。不过,台儿庄战役毕竟只是徐州会战的一部分,中国军队付出了巨大的牺牲。随着战局发展,日军对徐州南北大包围态势渐趋明显,中方再试图打一个台儿庄式的胜仗已无条件。5 月 17

日，中国军队主动放弃徐州，主力部队完整撤出战场。

徐州陷落，日军的下一个目标便是九省通衢的武汉三镇。国民政府以武汉为防御核心的军事作战，是根据"以空间换时间"，进行持久消耗战的战略思想部署的。然而由于徐州会战失利，陇海铁路告急，一旦开封、郑州失守，武汉以北的千里大平原，将无险可守。如果日军沿平汉路南下，则旬日可至湖北。为了保卫平汉路的安全，阻止日军南下，给政府机关、工厂、高校等向西南大后方疏散迁移赢得更充裕的时间，国民政府最终决定在花园口掘堤，使黄河决口。

1938 年 6 月 7 日夜起，中国军队在花园口开工决堤，9 日决口成形。顿时，黄河之水如一条巨龙，从缺口中奔涌而出，洪水如脱缰之马，肆虐大地。整个黄泛区水势冲天，由西北至东南长达 400 多公里，流经豫、皖、苏 3 省共 44 个县，使其受到严重灾害，将近 5.4 万平方公里的土地变得荒凉贫瘠。从郑州到蚌埠一线形成大地障，日军自北向南夹击武汉的作战失去了可行性，日军总的战略计划被迫更改，变为以主力沿长江溯流而上，国民政府保卫武汉的备战时间也得以延长。

黄河决堤，从客观上讲，确实起到了延缓日军进攻的战略目标，符合持久战的设想。然而，国民政府在执行黄河决堤时，没有做好相关的准备，匆忙炸堤放水，没有事先对民众进行疏散，置人民生死于不顾，这是应该受到谴责的。黄河决堤期间，人民生命财产损失巨大，即使侥幸不死者，大多辗转外徙。黄泛区里的人民，迫于饥饿，只得以野菜充饥，甚至出现卖儿鬻女的现象。战争给人民带来了巨大的苦难，人民为战争作出了巨大的牺牲，这是历史所不能遗忘的。

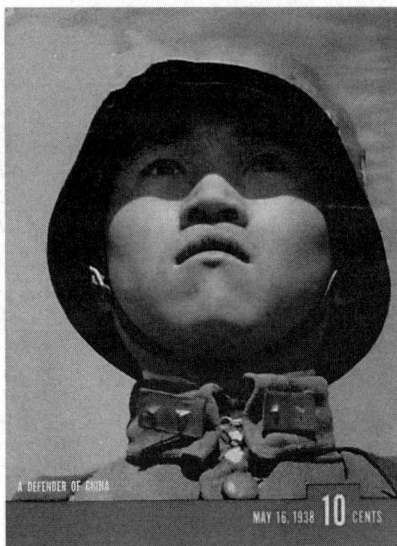

图 2-11 武汉会战中的中国士兵——
美国《生活》杂志 1938 年 5 月 16 日封面

　　中日双方以攻守武汉为目的,展开一场规模空前的会
战。从 1938 年 6 月 12 日安徽安庆失守开始,直至 10 月 25
日武汉沦陷,两军鏖战四个多月。整个战场在武汉外围沿长
江南北两岸展开,遍及安徽、河南、江西、湖北 4 省广大地区,
先后有大小战斗数百次。战役初期,中国参战的兵力为 4 个
兵团,共 30 个师,另有 100 架飞机。后期增到 14 个集团军,
共 120 个师及 40 余艘舰艇,共约 100 万人,可谓主力尽出。
日本方面,在战役初期动用 5 个师团,后期兵力达 12 个师
团,投入 120 余艘舰艇、500 多架飞机,共 35 万人。战场上厮
杀惨烈,终日硝烟弥漫,血肉横飞。中国军队伤亡达 40 多
万,日军伤亡近 20 万。

　　武汉会战是抗战以来战线最长、规模最大、持续时间最

长、牺牲最大的一次会战。中国军队虽然最终撤出武汉,以失利结束,但在战略意图上,却实现了"拖敌 4 至 6 个月"的目的,消耗了日军巨大的有生力量,使其深陷战争"泥潭",不得不放弃"速战速决"的企图。

武汉会战的同时,日军在华南登陆,侵占广州。由于国民政府迁都重庆,而日军在占领武汉、广州后,战线与补给线过长,已无充足的兵力展开更深入的攻势;中方在遭受了巨大的伤亡损失后,也难以在短期内打破僵局,进行反攻。中国的抗日战争由此转入战略相持阶段。

日军占领武汉、广州后,侵占了中国大部分沿海地区,并深入到华中的广大区域,但损失也很惨重,最重要的是其"迅速灭亡中国"的战略企图破产了。随着占领地的扩大与战线延长,日本的兵力越来越分散。至 1938 年底,日本投入中国战场的兵力已达 31 个师团、24 个独立混成旅和 3 个独立守备队,占其全部陆军总兵力的 70% 以上。战争的巨大消耗,使日本国内军费剧增,民众生活不断恶化。战争的长期化,也使日军进攻的锐气大受挫折,全军上下都有"泥足深陷"之感,士气逐渐低落。日本朝野感到"速战速决"的战略已破产,单凭武力无法征服中国,而且侵华战争已给日本整体的经济政治造成了巨大影响,成为实现其世界战略的沉重包袱。有鉴于此,日本被迫调整侵华方针,不再执着于单纯的军事进攻,而改为对国民政府采取"政略进攻为主、军事打击为辅"的策略,欲在中国造成一股妥协投降的逆流。

面对日本的强大攻势,国民党内确实有人对全民族抗战能否取得最后胜利丧失信心。在日本的威逼诱惑之下，国民党副总裁汪精卫公然投向日本，于1938年底从重庆出逃到越南河内。在日本设想中，此举会带来一大批追随者，国民政府迅速分裂。然而，中国人民不齿于汪精卫的投降卖国，全国掀起了声势浩大的讨汪反逆浪潮。原来与汪精卫关系密切的地方实力派将领如张发奎、龙云等人，纷纷通电谴责汪精卫的叛国行径，表示拥护中央，抗战到底。全国各界的激烈反对，出乎日本与汪精卫的意料，也使各种潜在的投降派受到了震慑。

1940年3月30日，以汪精卫为首的伪"国民政府"在南京粉墨登场，彻底沦为日本的傀儡，完全走到了民族的对立面。汪精卫傀儡政权的建立，是日本"以华治华""以战养战"的结果。汪伪政权在沦陷区配合日本进行统治，组建伪军对抗日军民进行"清乡"等军事行动，使得抗战局面更复杂，也增加了中国人民取得抗日战争胜利的困难。

日本使用武力快速征服中国不成，企图利用汪伪政权来分化抗战力量也难奏大效，深陷于中国战场而难以脱身。武汉失陷后，日军减缓了对中国军队大规模作战的节奏。然而，日军对中国军队的压力仍然在加强，且出于其战略考虑，在正面战场不断发起侵略作战，抗日战争的22次大型会战，多数发生在相持阶段。在相持的前线，昆仑关大战、南昌会战、三次长沙会战等，抗日将士们用鲜血构筑成一道又一道防线，使得日军基本上难有战略性的进展。

1940年，日军发起枣宜会战，试图攻占宜昌，从而进一步威胁重庆。在这场会战中，中国第三十三集团军总司令张自忠将军身先士卒,阻击敌军,奋力死战,壮烈殉国,成为抗战当中捐躯疆场军职最高的将领之一。张自忠将军先后参与临沂保卫战、徐州会战、武汉会战、随枣会战与枣宜会战等。国共两党均给了张将军很高的评价。国民政府当即追授张自忠为陆军上将。1982 年 4 月,中华人民共和国民政部批准张自忠为"革命烈士"。

图 2-12　壮烈殉国的张自忠将军

2. 空军的搏斗

自从 1903 年莱特兄弟发明飞机以来,人类发自内心征服天空的梦想,迅疾转变为制造全新战争机器的欲望。第一次世界大战中空军显示的战斗力,使得各大国竞相发展航空技术运用于军事。想要保卫自己的领空不受他国肆意侵犯,建设一支自己的空军势在必行。北京政府时期,中国南北各地方实力派,都在不同程度上购置战机,培养飞行员,此为中国空军发展的雏形。

九一八事变后,南京国民政府更加重视空军建设,于 1932 年底在杭州笕桥建立中央航空学校。航校招聘优秀青年,集中培养空军人才,聘请了外国教官进行教学。1934 年,国民政府将航空署改组为航空委员会,负责全国的空军建设。1936年,中国各地的空军由航空委员会统一领导,下设9个大队。合并后的中国空军飞机种类不一,来自美国、德国、意大利、法国、捷克、苏联以及国产自造,可谓五花八门。大多数购进的飞机是其他国家行将淘汰的型号,性能多为中下。

中国空军可谓匆匆建军、准备不足,但飞行员们面对日本的不断挑衅,爱国热情高涨,每天就在艰苦的操兵、演练中度过。他们知道,中国的飞机性能不可与日本相比,只能靠平时多训练,临战时用技术与战术来弥补。

日本为实现称霸世界的野心,拼命发展军事力量,其空军实力是世界领先,尤其在20世纪的二三十年代迅猛发展,航空兵在世界上首屈一指。1932年"一·二八"事变时,日机与中方有过空中交手,羸弱的中国空军几乎毫无还击之力。虽然中国在之后的几年中加速发展空军,但日军对此并不在意,认为中国空军仍不堪一击。然而,正是刚起飞的中国雏鹰,令日本空军在全面抗战之初的交火中,多次领略到失败的滋味。

七七事变爆发后,中国空军各中队就接到命令,秘密动员,飞行员们闻讯热血沸腾,他们备好地图、武器、弹药,准备和日军决一死战。整个7月份,中国空军进驻到各机场待命,随时准备支援前线。8月13日淞沪战事一启,中国空军即主动出击,对上海的日军阵地发起猛烈攻击。

8月14日,神州上空轰鸣不绝。从拂晓到黄昏,中国空军分别从南京、杭州、扬州及广德等地的机场起飞,一共出动了9批76架次的各型战机,主动轰炸上海的日军司令部、弹药库、登陆码头等重要军事目标。当天下午,日军从台湾派出两批日本轰炸机十余架,分别攻击浙江笕桥及安徽广德的机场。由于日军过分轻敌,加上此时台风过境,华东天气较为恶劣,日机遭遇到士气高昂的中国空军迎击。第四大队大队长高志航中校率机从河南刚赶到笕桥机场,即升空作战,经不到30分钟的战斗,第四大队共击落日机3架,击伤1架,己方仅1架战机轻伤。"八一四"空战,是中日空军的首次交锋,令日本空军不败的神话告破,为空军抗战树立了一块丰碑。

图2-13 高志航在"八一四"空战中攻击日机

8月15日,中日空军在南京、上海、杭州等地再次展开大规模空战,中国空军击落敌机17架,8月16日,再击落日机8架。为纪念首次空战胜利,海内外媒体大幅报道中国空军的神勇。国民政府将8月14日这一天定为"空军节",击落第一架日本军机的第四航空大队被命名为"志航大队"。高志航成为全国家喻户晓的空战英雄,后来他在作战中牺牲。

2014 年 9 月,高志航被列入民政部公布的第一批 300 名著名抗日英烈和英雄群体名录。

淞沪开战的第一周,中国空军不负众望,前三天就击落日机 41 架,而己方遭日军击落的数目仅为 1 架,可谓大获全胜。这份耀眼的成绩单背后,既有中国空军将士英勇无畏的冲锋精神,也有日军大意轻敌的疏忽。随着日军在上海赶建临时机场,以及新式的九六战斗机加入战斗,中国空军的作战开始渐感吃力。到 8 月底止,日军被击落的飞机一共有 60 架,但其补充的军机却能源源不断地供给。相反,中国战机耗损严重,无法补充,有经验的飞行员数量也逐日减少,双方实力消长立见。淞沪会战后期,中国战机升空作战时,经常出现多架性能较优的日机围攻一架中国飞机的情形,中国空军已处于绝对劣势。日军掌握空中优势后,从 10 月起不断派空军袭击南京,扰乱后方。12 月初南京失守前,中国空军可供作战的战机仅剩寥寥数架。中国空军飞行员虽已将生死置之度外,但因机少人寡,一有日机来袭,不得不升空拦截,疲于奔命。南京沦陷后,中国空军被迫转移。

1937 年底起,中国空军得到了一定的补充,从各国(主要是苏联)购进 300 多架各式飞机,飞行员们经过数个月的整训,士气高涨,空军阵容达到开战以来的最高峰。在徐州会战、武汉会战期间,中国空军屡屡配合陆军作战,多次击退日军对各大城市的轰炸袭击。战略相持阶段,中日双方的飞机性能虽然有些差距,但中国空军依靠高昂的士气与拼命精神,奋力与日机缠斗,空战时只要双方数量差别不大,中国飞行员还能艰苦地支撑,不使制空权完全落于敌机之手。

1938 年 5 月 19 日深夜,日本九州岛的上空突然出现两架神秘的轰炸机,日本的防空网竟未能发觉这两架战机。这是英勇的中国空军首次远征日本。由队长徐焕升所率领的 8 名中国空军勇士,既有必胜的决心,更有视死如归的气魄。两架战机从宁波跨海东征,中途虽有被日本战舰发现的险情,但仍顺利到达九州岛上空。在福冈、熊本、长崎、大阪等城市上空,两架战机将成捆的传单投向日本的土地上,其中包括了以日文撰写的《告日本国民书》《反战同盟告日本士兵书》《告日本工人书》等五种传单。随后,勇士们躲过敌机拦截,突破海上的恶劣天气,安然返航,圆满完成远征扶桑的任务。这宣示中国空军有袭击日本的能力,在国际上反响热烈,令日本颜面扫地,是中国空军战史上光辉的一页。

1940 年初,日本研制出当时世界上速度最快的战机——零式战斗机,欧美各国新型战机都难以匹敌。1940 年 9 月 13 日,中日空军在璧山县上空狭路相逢,日机凭借其优异的速度、灵活性及火力,使中国战机几无还手之力。璧山空战,中国空军出战的 34 架飞机一共被击落 13 架、被击损 11 架,而日机却毫无损失,这是空军前所未有之惨败。中国当局认识到双方实力相差悬殊,如果再像之前那样遇敌必战,将会牺牲更多优秀的飞行员。为了保存实力,更是为维持抗战的持久作战,中国空军只好选择"避战"——在日机来袭时,采取飞机躲警报的策略。

日军在取得空中优势后,不仅在双方作战中占有先机,而且还不断派遣轰炸机,对中国的战时首都重庆进行了长达 5 年多的战略轰炸,史称"重庆大轰炸"。据不完全统计,

1938 年 2 月至 1943 年 8 月间,日本对重庆进行的轰炸达 200 余次,共投弹 11 500 枚以上,重庆大轰炸使市民的生命财产遭受巨大损失,因轰炸而死的市民达 10 000 人以上,超过 17 600 幢房屋被毁,市区大部分繁华地区遭到破坏。这也是侵华日军对中国平民的又一残暴罪行。

图 2-14 遭遇日机轰炸后的重庆市民

在中国抗战最艰难的时刻,中国空军一方面抓紧训练,养精蓄锐;一方面东躲西藏,忍辱负重,等待抗战下一阶段的到来。

在抗战初期,苏联曾派遣空军志愿队支援中国战场,后因欧洲战事发展而陆续离开。为打破日军的空中优势,在中美两国高层的沟通与努力下,美国前空军军官陈纳德(Claire Lee Chennault)回国,协助中国在美国招募退役的飞行员,购买军机,来华作战。1941 年 8 月 1 日,蒋介石命令建立中国空军美国志愿大队（American Volunteer Group，简称AVG），编入中国空军的序列，陈纳德为志愿大队上校指挥官，下辖68架战机，110名飞行员，150名机械师。这就是后来赫赫有名的"飞虎队"的由来。而"飞虎队"也将和中国空军一道，在太平洋战争爆发后，为重新夺回中国战场制空权而浴血奋战！

3. 海军苦战

鸦片战争后，面对西方列强的坚船利炮，清政府渐渐认识到建立一支强大海军的重要性。经几十年的努力，晚清的海军装备实力一度成为亚洲第一。然而，武备的先进并不代表着胜利，甲午战争黄海一役，中国海军遭到日本的重创，此后一蹶不振。辛亥革命后，中国陷入军阀之间的连年战争。在一系列混战中，守护海疆的舰艇不过是可有可无的附属物。在全世界海军突飞猛进的时代，中国的海军却只能靠几十年的老旧舰只，勉强维持着。

南京国民政府成立后，海军似乎迎来了新的契机，不仅自造的舰艇增加，而且从各国外购舰艇。1930年代，中国从日本购入2400吨级的巡洋舰——"宁海""平海"，两舰成了中国舰队的主力。但是，海军内部固有的派系问题依旧存在，制约了国家的海军发展战略，而且"空军救国"的呼声很高，相较于海军建设高昂的成本与漫长的周期，似乎发展空军对准备未来的抗战更为快捷有利。国民政府对海空军建设的权衡偏差，导致发展海军的热情逊于空军。至1937年，中国海军共有舰艇66艘，总排水量5.9526万吨。这些舰艇中，有相当一部分老旧不堪，其中吨位最大的巡洋舰"海圻"

号(4300吨),舰龄甚至有近四十年。以如此脆弱不堪之舰队,守护中国浩瀚无垠之江防海防,实在是勉为其难!

日本海军在其陆海空三军中却是最强的一支。作为一个岛国,日本要实现它的"大陆政策",大力扩充海军是唯一的出路。明治维新后,日本开始大力发展海军,到1894年就建成了能与中国北洋舰队相抗衡的联合舰队。1894年黄海海战,联合舰队打败北洋舰队。1905年的对马海战,日本海军更是让远道而来的俄国舰队全军覆没。日本借此迅速跻身世界海军强国之列。在1922年的华盛顿会议上,日本海军与英、美两大强国的主力舰比例被限定为3比5,但日本作为世界海军第三强的位置也从此得到公认。至1937年,日本海军舰艇总吨位为115.3万吨,海军官兵总人数达12.6万人,堪称亚洲与西太平洋地区最强的海上力量。

中国抗战,三军用命,不仅是正面战场与敌后战场的配合作战,更是海陆空的全面迎敌。陆军与日本侵略者激战,在正面和敌后战场上英勇顽强;空军即便微弱,也尚能与日机在长空厮杀。但是,中日海军实力之间的巨大差距却完全无法用一腔热血来弥补。然而,在全民族的伟大抗战中,海军将士岂能坐以待毙。既然无法与日军在海上决战,拒其于长江之外,那只能退守长江,紧扼这条贯穿中国东西的动脉。

九一八事变后,日本的战争威胁逐年上升,国民政府也不断制定国防和作战计划。海军也对未来的抗战做各种各样的准备,其基本方针便是防御长江。尤其是1932年淞沪停战协定后,日本在上海取得了驻兵权,严重威胁华中地区,威胁长江。卢沟桥事变后,"封锁长江"成为中国海军的燃眉之急。淞沪抗战开始,中国是希望一举击垮在上海的日本驻军,清除其对华中威胁,防止上海日军与华北日军形成南北对进之势。可惜的是,这个目标最终未能实现。

淞沪会战期间,中国海军发挥了积极的作用,配合了陆军和空军的作战行动。海军对黄浦江航道的阻塞,抑制了日军沿江对上海腹地的渗透,包括对日军旗舰"出云"舰、日军码头的水雷袭击,不仅杀伤了日军战斗力,而且还扰乱其进攻行动,牵扯部分兵力。淞沪战场能坚持三个月,陆海空三军皆有巨大贡献,付出惨重牺牲。

淞沪会战失利,上海完全为日军占领,如何防止强大的日军海军沿长江水道而上,就成了海军的重要任务。在沉船阻塞和水雷封锁两种方式上,国民政府破釜沉舟,选择了前者,决心用沉船构建长江下游的第一道封锁线,即"江阴阻塞线"。

日军若想发挥其海军优势,就必须在进攻上海的同时,突破江阴阻塞线,逾越这道横贯长江的障碍。为守卫这道封锁线,中国海军在此与日军展开了极为惨烈的战斗。海军将士用绝对劣势的装备,头顶敌机呼啸的投弹,英勇抵抗,殊死一搏。1937 年 9 月 23 日的海空大战中,中国海军最先进的两艘巡洋舰"平海""宁海"丧失了战斗力,但日军仍未能突破阻塞线。直到日军占领上海,大军逼近南京,12 月 4 日占领江阴要塞,中国海军腹背受敌,才正式撤离阻塞线。江阴阻塞线从建立到防守,倾注了中国海军的全部心血,尤其是大量军舰化为沉船,代价可谓巨大。尽管未能挡住日军溯江西上,海军将士在巨大实力差距面前,依然坚持数月,配合陆军作战,部分达成了战略目标,完成其使命。

图 2-15 在江阴自沉的中国海军舰艇与渔船

江阴,扼守长江下游之咽喉,在此守卫长江中上游流域,有"一夫当关,万夫莫开"之险。然而,中日海军力量悬殊,中国海军仅凭赢弱的水面舰艇与要塞炮火,实在无法阻挡装备有大炮巨舰的日本海军溯江而上。为了延缓日军的进攻,为保卫武汉争取时间,中国海军在江阴用"壮士断腕"的方式,自沉海军舰艇 8 艘。同时,从各地征集的商船 20 余艘,总吨位近 4 万吨,全部沉入江底,构筑成一道伟大的"江阴阻塞线",使日军大型军舰一时难以逾越。江阴阻塞线不仅承载着中国海军的牺牲,也承载了两岸船民的巨大牺牲!

南京失陷后,日军即将溯江而上,攻击武汉。中国海军必须重整旗鼓,积极配合陆军消耗日军,阻断其长江航线,达到保卫武汉的目的。由于大型战舰已在前一阶段消耗殆尽,舰上的大炮多被安置到江岸,形成要塞炮台,因而不少海军将士转战在陆地上,发挥其要塞炮队的威力。其余的炮舰、鱼雷快艇则持续不断地在长江沿线布置水雷,让日本军舰在长江之内举步维艰。

图 2-16　在长江上作战的鱼雷快艇

马当要塞位于江西省彭泽县,其地处长江水道之咽喉,水流湍急,地势险要,中国军队在此构筑要塞,而主要防守力量,便是海军部队。1938 年 6 月 25 日,日军陆、海、空三军协力攻击马当要塞,声势至为凶猛。中国海军部队一面依托要塞各炮台,向日舰猛击,一面又要准备与敌陆军交锋。守备部队苦战 3 昼夜,弹尽粮绝,伤亡惨重。6 月 30 日,坚守马当要塞的海军官兵身陷重围,不得不撤出战斗。

武汉会战期间,从湖口到九江,从武汉到宜昌,到处可见海军将士在沿岸要塞防御,驾驶鱼雷快艇在江上布置水雷。海军将士们奋勇杀敌,表现出不屈的气概。本应驾驶军舰在大江大海上与敌舰对决的海军将士,却不得不退居在江岸要塞上，与敌人短兵相接。这是弱国的一种无奈，也是中国海军将士誓死抵抗、为抗战献身的精神所在。

中国三军将士用命，终使日军在占领武汉后，未能再沿江西上，威胁到陪都重庆，从而保证了大后方的安全，而将日军拖入持久战的深渊。中国海军在长江上不计牺牲的鏖战，为掩护中国政府众多的军政机关、工厂与高校西迁，为抗战物资运往后方，赢得了大量的时间，付出了巨大的牺牲与贡献！

三、《论持久战》与敌后战场的作战

1938 年炎夏，一篇名为《论持久战》的文章开始在抗日根据地军民之间广为流传。先是在《解放》周刊登出，之后由解放社于 1938 年 7 月初印刷出版，更于 1938 年 9 月于上海发行。抗日军队与根据地的中高级干部纷纷自修并深入研习《论持久战》，下级干部则通过教材与课程的学习了解《论持久战》；在战士与民众的教育中，文中的"金句"被进一步"简化"为"顺口溜"——"懂了民族国家事，打倒日本心更坚。提笔墙上写大字，大家要知持久战"。

国民党内的蒋介石、白崇禧等人原也有以持久战对抗日本侵略的想法，十分赞同《论持久战》所表达的战略思想。社会各界人士，对此文盛誉不断，引发出版、购买的热潮，一时间"洛阳纸贵"。为了能在英语国家间"唤起若干的同情"，争取外援，《论持久战》还经过翻译向海外发行,中国持久战的战略传向世界。

《论持久战》的作者,是远在陕北窑洞里思索全局的中共领导人毛泽东,而文章背后更是蕴藏着中国人民抗击日本侵略的信心与智慧!

1.《论持久战》的发表

《论持久战》何以在此时问世呢？1937年全面抗战爆发后,国内一些投降派就不时宣扬"亡国论",唯武器论者则散布"战必败"的悲观情绪。平型关大捷、台儿庄战役的胜利,又使"速胜论"冒了出来,认为只要能坚持到英美等国出兵干涉,战局就可以扭转。"亡国"还是"速胜",能否取得抗战胜利和如何取胜,需要给予明确回答。这是《论持久战》应运而生的外在背景。

无论是共产党人,还是国民党内的"主战派",早在全面抗战爆发前就认为抗日战争将是持久战。但是如何进行持久战,国共两党的主张明显不同。共产党人与毛泽东需要总结与提炼出关于"持久战"的见解,告知全国人民,这是《论持久战》发表的内生因素。

毛泽东为什么能写出这篇传世之作呢？红军将士在十年土地革命战争中用巨大牺牲换来的宝贵经验教训,为写作《论持久战》奠定了其他人难以具备的认识基础。全面抗战爆发后,正面战场中国军队单纯防御,落下惨痛教训;敌后战场的游击战,则不断打开新局面。毛泽东系统总结了游击战的战略优势,从而转化为更为系统全面的"持久战"理论。简言之,《论持久战》一方面是中国共产党人结合了革命战争以及抗日战争第一阶段的经验，另一方面是毛泽东个人汲取古今中外军事经典的思想精华，是中国共产党全党集体智慧的结晶。

在《论持久战》中，毛泽东回答了"抗日战争为什么是持久战"和"最后胜利为什么是中国的"这两个基本问题，进而驳斥了"亡国论"与"速胜论"这两种观点。毛泽东科学预见抗日战争将经过战略防御、战略相持和战略反攻三个阶段。在三个阶段的发展中，着重分析相持阶段到来的条件，指明在犬牙交错的战争态势下，敌我优劣形势转换的各种因素。在相持阶段，游击战将成为我方主要的作战形式，而运动战和阵地战是辅助形式。在持续不断削弱敌人、壮大自己的斗争中，游击军和游击战争将转化为正规军和运动战，最终成为战胜敌人的强大力量。

《论持久战》的创新之处与取胜之道究竟何在？在《论持久战》之前，国人虽有类似持久战的主张，但那些主要停留于战术层面，战略层面的内容过于宽泛笼统，多少有纸上谈兵的意味；至于如何实行持久战，则是强调正义、决心和牺牲精神等主观因素，鲜有高屋建瓴的阶段划分和具体措施。更有论者存有严重的党派偏见，贬低共产党与红军。毛泽东在《论持久战》中提出了一个著名的论断：只有人民战争才是取得最后胜利的根本保证。这与国民党片面强调"服从领袖"和空洞提倡精神制胜的主张不同，共产党的持久战突出动员和武装民众的重要性。在国共合作的形式下，中共可以服从坚持抗战的国民政府及蒋介石的指挥，但并不简单地认为服从中央就能够取得抗战胜利，而是更加强调动员和武装民众,发挥民众抗战救国的主动精神,发动人民战争的决定性作用。

《论持久战》绝非中共单独抗日战争的战略,而是向全国军民系统阐述全民族抗日战争的战略方针,从而认清形势,树立必胜的信念。真正将持久战的经验落实并发扬壮大的,是由中国共产党领导的抗日武装。随着敌后游击战场的发展,八路军与新四军等分兵发动群众,收复敌后失地,整顿社会秩序,不断开辟与壮大抗日根据地。

图 2-17　毛泽东写作《论持久战》

2. 共产党领导敌后战场的开辟

从抗日民族统一战线建立、国共第二次合作开始,共产党领导的军队先后改编为八路军与新四军,积极参与全面抗战。1937 年 9 月,八路军进入山西境内,配合阎锡山的第二战区参与太原会战。"平型关大捷"一举成名,鼓舞士气。太原陷落后,中国军队在华北战场上已难以组织有效的反击。八路军各部决定深入敌后,在华北太行山区,开辟敌后抗日根据地,展开游击作战,牵制日军,使其不能稳定地保持其占领地区,陷于两面作战的不利地位。通过游击战的方式,消耗日军有生力量,有效地策应正面战场的作战。

八路军部队在中共中央的指示下,除了增援正面战场外,还积极在敌后创立抗日根据地,开辟抗日根据地。1937年10月,聂荣臻率领一一五师一部创建了晋察冀抗日根据地,其后于1938年1月成立的晋察冀边区行政委员会,是敌后由中国共产党领导的第一个统一战线性质的抗日民主政权。从1937年底至1938年初,贺龙、关向应指挥一二○师进入山西西北,创建晋西北抗日根据地,为陕甘宁边区建立了一道屏障。1937年冬,刘伯承指挥的一二九师在太行山南部开展敌后游击战,与山西牺牲救国同盟会、新军等一同开辟了太岳抗日根据地。之后又越过平汉路,形成了以太行山为中心的晋冀豫抗日根据地。1938年初,罗荣桓率领一一五师主力创建晋西南抗日根据地,到1939年初,一一五师主力一部又转向山东,扩大山东抗日根据地。

截止1938年底,八路军各部先后创建晋冀察、晋西北、晋冀豫、太岳山南、晋西南、冀中、冀热辽、冀南、冀鲁豫边、山东、鲁西北、冀鲁边、大青山等13块抗日根据地。

共产党领导下的新四军是华东抗日游击的主力军。共产党领导的武装改编为国民革命军新编第四军后,新四军各支队即在苏南、皖南、皖中一带开展游击战争。1938年8月

12日,第一支队夜袭句容城,8月下旬又在丹阳伏击日军。第三支队于9月底、10月29日、11月上旬,多次击退日军进犯,担任防御青弋江阵地重任。至1938年10月,新四军也创建了苏南、皖南、皖中以及豫东等抗日根据地,与华北的抗日根据地以及国民政府领导的敌后游击区互成犄角之势,有效地钳制侵华日军的手脚。

在东北,东北抗日联军各路军分别在杨靖宇等将领率领下积极开展游击战争,牵制和消耗一部分日军以配合全国抗战。

共产党领导的各抗日根据地建设如火如荼,充分发动群众,收编溃军散兵,扩大兵源,积极开展敌后游击战。抗日游击作战风起云涌。与此同时,陕甘宁边区也日益巩固,通过民主改革等措施,成为全国抗日民主的模范区,更是敌后抗日根据地的总后方。

共产党在发展抗日根据地进行游击战的同时,也对中日战争的形势和抗战所需的战略原则进行了理论分析。毛泽东在《抗日游击战争的战略问题》中,将抗战中的游击战提高到战略地位,认为要以人民战争陷敌于灭顶之灾。共产党领导的敌后游击战争成功地配合了正面战场的作战,是抗日战争的重要组成部分。

1938年,八路军各部破袭同蒲、正太、平汉等铁路以及邯郸、长治一线的公路。9月至10月间,八路军第一二九师对正太路、平汉路、道清路和津浦路各段进行了4次总破袭,对日军的运输线予以破坏。台儿庄战役期间,八路军山东游击队破击胶济路和津浦路,攻克莱阳、掖县县城,给正面战场以有力策应。武汉会战期间,八路军一部向冀东挺进,连克昌平、延庆、兴隆等县城和重要敌伪据点,继而发动冀东地区二十余万工农群众武装起义。9月,日本华北方面军为策应华中派遣军进攻武汉,以两个师团的兵力向晋南发动进攻。第一一五师一部选择有利地形进行伏击,打退了日军的进攻,击毙击伤及俘获日军一千二百余人。

在长江两岸,新四军则在日军进攻武汉时,频繁袭击其后方,破坏交通。尤其是7、8两月间,新四军曾动员17万军民破坏交通。而在9月至11月武汉防御战况吃紧的状况下,新四军用最大的努力,威胁日军交通枢纽京芜国道,使得日军不得不抽兵增援,牵制了数万日军,配合武汉周围的中国军队保卫阵地,国民政府军事委员会通电予以嘉奖。同时,华中敌后抗日根据地的开辟,成为插在日本华中派遣军背后的一把尖刀,八路军、新四军的游击作战,不仅直接有力地打击了敌人,使华北日军难以调兵协助华中,也迟滞了华东日军溯流而上的行动,在战略上有力配合了武汉会战。

3. 百团大战

随着战略相持阶段的到来,日军在前线的进攻陷入僵局,而共产党领导的抗日根据地与游击队的壮大,又使日军后方不得安宁。侵华日军遂将八路军当成劲敌,在华北以重兵压制八路军和抗日根据地,在抗日根据地周围修筑碉堡,以封锁和分割各抗日根据地,实行"囚笼政策"。为突破日军的"囚笼",更是为当时低沉的抗战局势打开局面,八路军在彭德怀的指挥下,于1940年8月20日主动向日军发起进攻,发动"百团大战"。

图 2-18　百团大战中的八路军副总指挥彭德怀

1940 年 8 月 20 日夜间,华北各大交通沿线的日军还在睡梦之中,忽然被霹雳的枪声和爆炸声惊醒了。英勇的八路军出动 115 个团,将近 40 万的兵力,在广大民兵的配合下,向全华北主要交通线的日伪军发起了总破击,史称"百团大战"。

战役的第一阶段是从 8 月 20 日至 9 月 10 日,作战的中心任务是交通大破袭,即破坏敌人的交通线,重点是正太铁路全线,同蒲路、平汉路、津浦路、北宁路、平绥路等铁路线的一部分,以及深入华北各抗日根据地的公路。八路军采取突然袭击,日军毫无准备,所得成果较大,日军在华北的交通陷于瘫痪状态,成果显著。战役的第二阶段是从 9 月 22 日至

10月初,作战的中心任务是攻坚战,主要是消灭交通线两侧和深入抗日根据地的敌人据点,扩大第一阶段的战果。战役的第三阶段是从10月上旬至1941年1月24日,日军在遭受一系列的打击后,一面恢复其交通线,一面调动3万兵力寻找八路军主力作战,向华北各抗日根据地进行报复性的"扫荡"。至1941年1月底,日军的"扫荡"基本被粉碎,被迫撤回原据点。历时4个半月的百团大战落下帷幕。

百团大战期间,共进行大小战斗1800余次,击毙击伤日军2万余人,伪军5千余人,缴获大量战利品。战役予日军以重大打击,有力地配合了正面战场的作战,极大地鼓舞了全国军民抗战的信心。

百团大战使日军意识到八路军与抗日根据地对其后方的重大威胁,从而不断调集重兵,压迫华北抗日根据地。八路军由此面对巨大的困难,但也相对减缓了正面战场的压力,为配合主力部队的作战,作出了重要的贡献。

根据地军民在日军随后的"大扫荡"与"三光"作战中,不屈不饶,艰苦奋战,挫败日军的战略意图,使其反而深陷于中国人民战争的汪洋大海之中。中国共产党所领导的八路军、新四军,长期在敌后进行游击战,有着丰富的经验与灵活的战略战术,取得丰硕成果,在抗日战争中发挥着中流砥柱的作用。

抗日根据地与正面战场在战略上对日军形成夹击之势,迫使侵华日军只限于城市和主要交通线上,不得不将原用于进攻的大量兵力转用于保守其占领区方面。在《论持久战》与游击战术的指引下,中国共产党领导的八路军、新四军及其他人民武装,打乱了敌军作战前线与后方的划分,稳定了

图 2-19　抗日根据地军民开展敌后游击战

全国形势,形成敌后与正面两个战场并存的战略布局,给日本侵略者以有力的打击。

四、全民族抗战

　　1938 年秋,湖北宜昌城郊的码头上堆积着密密匝匝的货物,等待货轮转运;从四处聚集而来的难民,将城市塞得水泄不通。敌机的轰鸣声不时在宜昌城上空回响。时值深秋,长江已近枯水期,能够用船抢运物资到西南大后方的时间所剩不多了,情况十分危急!

　　负责这一重大使命的是时任交通部次长的卢作孚和他的民生轮船公司。他通宵达旦制定抢运计划。为了能缩短运载时间,卢作孚采用了"三段航行"的接力运输法:从宜昌到奉节三斗坪作为第一段,从三斗坪到万县作为第二段,从万县到重庆作为第三段。每段由不同马力的轮船负责,统一调度。由于三峡航段夜晚不宜航行,各船都尽量利用月色装卸,而抢在白昼航运。

民生轮船公司的 22 艘轮船和民间征用的 860 只木船夜以继日,冒着日本飞机的狂轰滥炸,用 40 天的时间,将堆积在宜昌的 9 万吨物资和 3 万人员,成功地运抵四川,成为航运史上的奇迹。

1. 工厂内迁

工业是一个现代国家的钢铁支柱,一座座工厂就是其不可或缺的细胞。一旦现代化工厂被占或被毁,国家机器的运作将举步维艰。抗战之前,中国各地区的国民经济发展并不平衡,尤其是为数不多的现代工业基本上集中于沿海和东北地区。据国民政府实业部的工厂登记,1937 年全国符合《工厂法》规定标准的工厂共有 3935 家,其中分布于长江下游江浙一带的,就有 2336 家,占总数的 56%,上海更是全国经济精华萃集之地,一地即有 1235 家。日军从华北、华东甚至华南向中国发起全面进攻,战火所至,沿海地区的工业首当其冲。

淞沪会战爆发后,为抢救前线民族工业,保证抗战的军需物资,补充后方的民用供给,同时也为了保存和发展中国有限的工业力量,将沿海各地重要工厂"举厂内迁",成为国民政府以及民营工厂的共识。国民政府为此专门设立了国家总动员设计委员会、上海工厂迁移监督委员会和上海工厂联合迁移委员会等机构,并明确规定了战区工厂的迁移原则。在庞大的工业体系中,国民政府将迁移工厂分为军需工厂和普通工厂两类。军需工厂指国防上必须的工厂,由政府命令其迁移,并且在迁移过程中,政府将给予补助迁移费,按其个别情形酌予补助。除军需工厂以外的即为普通工厂,它们原则上是自愿迁移,经批准后予以免税免验以利运输,并提供代征地亩之便利,但因为政府财政所限,不补助迁移费。此外,对民营工业也规定了相应的扶植政策。

淞沪前线战火纷飞之际,一场规模空前的中国近代工业大迁徙也在紧张地进行。在国民政府优惠内迁政策的鼓励和有关部门的督导下,众多的工厂和民族工商业者、实业家深明大义,救亡图存,热情十分高涨。各个厂家冲破敌人的炮火封锁,克服交通阻碍的巨大困难,强拆、抢装、抢运,长途辗转。从淞沪会战伊始,至上海沦陷,共迁出民营工厂148家、工人2100余人、物资12 400余吨。从上海动用木船近300艘,还有不少轮船,沿苏州河和长江逆水航运。整个内迁工厂的队伍浩浩荡荡,历尽千辛万苦,展现了爱国厂家与工人抗日救国的坚强决心。淞沪战场中国将士的奋战,为工厂内迁提供了条件。

工厂内迁第一阶段主要是将设备与工人集中迁至武汉地区,复厂复工。随着战事的深入,武汉形势日趋严峻,其周边地区已不再是安全之地。在此情况下,国民政府提出要在平汉、粤汉线以西的地带建立新的工业中心,即以西南、西北作为"抗战建国"的大后方,明令工矿调整委员会"筹划战时工业,以川、黔、湘西为主","将各厂继续内迁,以策后方生产之安全"。1938年6月底,武汉会战正酣,日军逼近马当、湖口防线,在中国将士于前线奋力阻击之时内迁到武汉的各工厂再次开始向西南、西北地区拆迁。同时武汉当地的工厂也加入西迁行列。国民政府规定，不论大小工厂，凡对后方军工、民生有用的一律内迁，来不及拆迁者一律炸毁。到9月底武汉失守前，除上海迁到武汉的148家民营工厂全部迁出外，武汉的民营工厂也迁出168家，武汉的工业几乎全被拆运或炸毁放弃。

全部的工矿内迁工作到1940年底基本完成，内迁的民营工厂共计639家，其中经国民政府工矿调整处协助内迁的有448家，闽浙两省自行内迁191家，拆迁机器材料总重量12万吨。国营工矿和兵工厂中，兵工署先后内迁的兵工厂有14家，资源委员会内迁的厂矿有18家。

图2-20 抗战大后方的兵工厂生产洞

国民政府作为这次工厂内迁的组织者，做了大量的工作。但战前毫无准备，战争初期也一度犹豫，迁厂决策时间太晚，迁厂资金短绌，对工厂内迁的目的地及其布局难以进行认真的研究和规划,加上敌军的空袭、炮击,致使沿海和临战地区绝大多数工厂都未能迁出,有的遭到破坏,有的落入敌手。上海的1235家工厂中,已经核准迁移的有224家,但最终完全迁出的工厂仅148家。沿海其他工业比较发达的地区,如无锡、常州、济南、青岛等地,工厂内迁工作刚刚开始,该地便沦陷,抢迁出的工厂、设备很少。即使已被拆迁出的工厂,在内迁途中机器材料也有损失。每一件从前线运出的机器上,都沾满汗水和鲜血。广大军民与时间竞赛,保留民族的生存之火。

国民政府选择西南、西北作为后方基地建设,除了从国防安全角度考虑外,还因为这些地区有着丰富的工业资源可以开发利用。在全面抗战之前,国民政府势力成功深入西南,在全民族抗战的形势下,四川与云南的地方实力派对沿海、沿江经济重心的迁移表示了极大的关注和热烈的欢迎。正是国民政府的全局部署和西南地方的积极响应,才让这次中国工业的战略转移得以顺利完成。

工厂内迁的结果,使大量的兵工厂集中到了西南、西北地区,它们构成战时大后方军事工业的主体。国民政府在迁移兵工厂的同时,也有意识地调整各兵工厂的生产职能和产品结构,从而适应兵器工业专业分工和发展战时兵工生产力的需要。工厂内迁对于原先工业基础较为落后的大后方发展工业发挥了重要作用:一是内迁工厂奠定了大后方工业的门类和发展框架,二是内迁的机器制造厂为大后方工业的发展提供了装备,三是工厂内迁不仅把沿海地区工业先进的技术和管理经验带到了西部地区,而且使大批企业家、研究人员、技术人员和熟练技工汇集到了大后方,他们对于内地工业的发展是一笔宝贵财富。这场中国工业的战略大转移,对战时军需民用的供给,特别是对战时后方的经济建设起到了重要的推动作用,同时也大大增强了中国赖以持久抗战的经济实力。

2. 高等学校西迁

民国时期的教育,尤其是高等教育在二十世纪二三十年代呈现出前所未有的快速发展局面。1937 年全国共有国立、私立及外国教会创办的各种高等学校计 108 所,绝大多数分布于东部沿海、沿江地区,尤其是集中于南京、上海、北平、天津等大城市。

七七事变后的一年内,108 所高校中就有 91 所遭日军破坏,其中 25 所被迫停办。如 1937 年 7 月 29 日,日军对天津进行了持续 4 个小时的轰炸,其主要目标便是著名的南开大学。面对如此严重危机,国民政府下令沿海各高校准备内迁,计划在西南、西北地区重新建立抗战教育基地。正如工厂内迁保存抗战实力,高校的内迁也是坚持长久抗战、培养未来人才、事关国家前途的大事。

国民政府于 1938 年成立全国战时教育协会,负责高校的内迁与安置建设工作,同时制定和颁布了一些指导内迁的改革政策和变通措施。如对内迁学生实施生活救济,解决其生活困难;对因战争而失学的学生进行登记,或让他们进战区服务,或进大学借读;对在校生酌量减免学杂费用并发放贷款;变革高校的招生制度,扩大招生面,让更多青年入学;对失业教师登记并分配工作,增加师范教育;为适应抗战需要,大力培养职业建设人才,鼓励科学研究等。这些政策和

措施,对于支持和扶植高校内迁,发展战时的高等教育都有
一定的积极作用。

　　高校内迁工作是在战火中进行的,由于抗战初期战局瞬
息万变,移动中的高校准备不足,有的高校甚至一迁再迁。
自 1937 至 1939 年,中国东部战区的知名高校除燕京大学、
辅仁大学等教会学校保持中立未动,上海交通大学迁入租界
办学外,其余的或迁往西南、西北,或就近迁入山区。国立的
北京大学、清华大学以及私立的南开大学,先是迁往长沙,三
校联合成立长沙临时大学,后又于 1938 年奉命迁至昆明,成
立西南联合大学;北洋大学、北平大学和北平师范大学迁至
陕西,合组西安临时大学,后改名西北联合大学;国立中央大
学、山东大学、武汉大学、东北大学和私立的复旦大学、金陵
大学等 31 所高校迁至四川各地;中山大学迁往云南澄江;浙
江大学四迁校址,最终落脚在贵州遵义、湄潭。

图 2-21　国立西南联合大学校门

1940 年开始,上海租界随着日本与西方各国关系趋恶而变得不再安全,华南地区亦岌岌可危,进而再次引发新的高校迁移。如交通大学从上海租界迁往重庆,后又迁到西安;滞留北平的燕京大学迁到成都;迁到昆明的上海医学院、国立艺专、同济大学又迁到四川。最终,内迁高校多集中于四川省各地,共 48 所,其中陪都重庆最多,达 25 所,成都有7 所。

在高校内迁的过程中,广大知识分子表现出了崇高的爱国热情和艰苦奋斗精神。高校师生在路途上长途辗转奔波,离乡背井,翻山越岭,饱尝"流亡大学"之苦。内迁后办学环境极其恶劣,大多校舍简陋,图书设备十不存一,常受敌机轰炸之扰;再加上物资奇缺,教师薪金锐减,入不敷出,学生更是清贫不堪,艰苦难言。广大师生们的爱国热情并未因困难而减弱,高等教育也未因战火而中断。内迁高校充分发挥自己的专业优势,为西部地区的开发做出了重要的贡献。

内迁高校师生在教学之余,根据当地的物产、经济特点寻找课题,进行经济开发和建设,推出了一大批具有当地特色的产品,改善了当地的经济状况,也在一定程度上缓解了抗日战争时期的经济困难。高等学校内迁后,改变了西部地区高等教育相对落后的状况,他们在西部地区积极开展学术研究,传播科学文化知识,营造了良好的学术文化氛围,加快了科学文化知识普及的速率,在西部地区培养了大批抗战所需的人才。内迁高校也注重西部地区教育的普及,积极开展小学教育研究,开展教师辅导培训工作,实验和推行社会教育,力求以教育建设为基础,来推动当地的社会改造和社会建设。

贵州北部的遵义地区地处黔北交通要道,北通重庆,有娄山关屏障;南接贵阳市,有乌江天险。1940年2月,一队从东部地区长途跋涉、历经千辛来到此地的师生在此落脚,这便是浙江大学。抗战爆发后,在杭州的浙江大学为躲避战火,先迁往浙西建德办学,再迁江西泰和,也曾在广西宜山暂歇,最终迁至贵州遵义、湄潭。该校在遵义落脚后,校长竺可桢就明确说,浙大在抗战时期在贵州"更有特别使命",要求师生做好社会服务,为当地建设做贡献。

图2-22　西迁途中的浙江大学师生

浙大师生留住江西泰和期间,曾为当地人民修筑防洪大堤,创设小学,协助开辟垦殖场。浙大师生到达贵州后,冲破了当地原有的封闭的状态,很多居民原不知"电"为何物,学生们即做了科学的普及宣传。浙大农学院还专设农业推广部,在当地进行马铃薯、番茄种植的推广,影响了当地的农业生产格局。浙大各院系都结合当地的实际情况,展开教学与科研。农学院的师生普及与推广农业科学技术,为当地培养农业人才。浙大师生的努力,对遵义的社会经济、教育与文化建设都发挥了重要作用,许多贵州子弟也得到了进入浙江大学求学深造的机会。

更重要的是,西迁的浙大师生,在艰苦的条件下,继续着教学与科研工作,涌现出一批高水平的学者与科研成果。英国科学家李约瑟(Joseph Needham)曾专程去探访浙江大学,对其办学成果极为赞赏。

总之,规模空前、意义深远的高校内迁活动,在中国抗战史上写下了可歌可泣的一页。高校内迁,保存了中国高等教育的基本力量和科技精华,让教育事业不因战争的摧残而夭折。大后方教育事业的发展,不仅为抗战培养大批急需的人才,为西部地区的开发作出了重要的贡献,更为战后中国的建设储备了一大批精英,可谓"薪火相传"。

3. 全民族抗战

从卢沟桥枪声响起的那一刻,这场战争就不只是中国政府的战争,不只是中国军队的战争,而是中国人民的战争,是全中华民族的战争。

战争的爆发,瞬间改变了无数中国人的前途与命运。在课堂中刻苦学习的师生,或被迫在流亡中求学,或投笔从戎,奔走战争的最前线;在家乡自食其力的农民,或入伍从军,扛枪卫国,背井离乡。随着工厂和学校的西迁,更多的人涌入了他们未曾驻足过的大后方。军民协心,同仇敌忾,共御外侮。

中国共产党领导的八路军、新四军,深入敌后,开展游击战,运用灵活机动的战术打击日伪军,在与日伪的斗争中壮大抗日力量,建立与发展抗日民主根据地。共产党在抗日根据地内制定了减租减息、废除高利贷和苛捐杂税等政策,促进了农业的生产。由于敌后地区原先的经济落后,各抗日根据地即推广合作事业,吸收小股资金,使得农民能够组织起来,发展合作经济。各抗日根据地对外采取贸易统制主义,以打击日伪和奸商的破坏和扰乱,保证军需民用的物资供应;对内则实行贸易自由,鼓励私人商业,繁荣了各抗日根据地的贸易。抗日根据地人民在建设中发挥了极高的积极性,为敌后抗日根据地的持久抗战奠定了物质基础。

图 2-23　敌后抗日根据地军民发展生产

国民政府西迁重庆,工厂、高校同样涌向以四川为中心的西南大后方。四川是日军战略轰炸的首要省份,但大轰炸没有摧垮大后方人民的抗战意志,反而增加了他们的反抗精神和凝聚力。轰炸声不绝于耳,但工厂绝不停工,加班加点为前线赶制武器弹药和被服。藏匿山中的工厂更是夜以继日地不停运转,厂房车间彻夜灯火通明,机器轰隆。为保障抗战交通运输线,各地民工担起了川陕、成渝等公路的修建及空军基地的赶修任务。他们衣衫褴褛,吃糠咽菜,风雨无阻,用原始简单的工具,硬是完成了一项又一项重要战时工程。四川省还是大后方的主要粮食供应基地,承载了养活军民的重要负担。山道上,时常可以看到肩挑背扛、络绎不绝的送粮农民。正是大后方人民的辛勤汗水,使得中国的抗战心脏不断跳动,生生不息。

广大的沦陷区民众,虽然生活在日伪残酷的殖民统治之下,但他们并没有完全屈服。国共两党均有地下组织在沦陷区活动,领导沦陷区人民进行了不屈不挠的英勇斗争。沦陷区内,针对日军、汉奸的暗杀事件时而有之,而大中学生的抗日活动、工人的罢工斗争、一般民众对日伪活动的消极不合作等,也让伪政权感受到民愤的力量。

五、海外华侨与国际友人支援抗战

陈嘉庚是爱国华侨的杰出代表。全面抗战爆发后,他在新加坡组建了"南洋华侨筹赈祖国难民总会"(简称"南侨总会"),被推选为主席。陈嘉庚不仅组织各种募捐活动,更率先垂范,带头捐款。从七七事变到太平洋战争爆发的 4 年半期间,南洋侨胞共计捐款约 15 亿元,极大地支援了中国国内的抗日力量。

1940年3月,陈嘉庚率领南侨总会组织的"南洋华侨回国慰劳考察团",慰劳前线的抗日将士与后方军民。在访问了重庆等地后,于1940年5月31日率团抵达延安,当时在延安华侨青年200余名。在访问延安期间,陈嘉庚参加了4次群众集会,同毛泽东、朱德和其他中共党政领导人多次会晤,深入交谈,参观抗日军政大学等处。延安为陈嘉庚先生举行了欢迎与欢送大会。

陈嘉庚意志坚定,强调抗日到底。他在国民参政会第二次大会上提出"敌未出国土前,言和即汉奸"的著名提案,反对任何对日妥协,鼓舞了抗日军民与海外侨胞的斗志。

1. 海外华侨心向祖国

身居世界各地的海外侨胞,一直关心着祖国的命运,与之休戚与共。在祖国面临生死存亡的危急关头,海外华侨即空前地组织起来,利用自身拥有的各种条件,展开波澜壮阔的抗日救亡运动,支援祖国。

1937年全面抗战爆发后,华侨社会中的抗日团体纷纷建立,遍布全球。他们开展了广泛的抗日宣传活动,不仅在原来所办的报刊上开辟抗日宣传专栏,还创办了一批新的报纸。其中法国巴黎的《救国时报》以鲜明的抗日立场,发表了大量救亡通讯与政论文章,不仅传播范围大,而且取得良好的影响效果。海外华侨举行各种规模的抗日大会和游行示威,通过组织宣传队、公演抗日戏剧、演唱救亡歌曲、编印散发抗日传单等形式,向所在地的人民,尤其是华工、华商,宣传讲解抗日救亡道理等。广大海外华侨的宣传工作,向侨居地人民揭露日本侵华暴行,展现中国抗日真相,传播中国抗战信息,呼吁国际友人从道义上、物资上支持抗战,共同捍卫世界和平。

华侨对抗战最大的援助,莫过于捐献资金物资,为财政匮乏的祖国给予经济支持。财力捐输的主要形式包括捐款,购买国民政府所发行的救国公债、国防公债等等。海外之华侨,并非全是富甲一方的商贾,多数是背井离乡、靠血汗养活自己与家人的工人与商户,他们向祖国捐献的,是含辛茹苦积攒的活命钱。在源源不断地捐汇大批款项的同时,海外华侨还向祖国捐献大批物资,大到飞机、坦克,小到服装、药品,种类繁多,为祖国提供了大量的物资援助。为了增强后方的抗战实力,一些拥有资产的海外侨胞不计成本得失,纷纷移资国内,创办了一大批适应抗战需要的侨资企业,直接参与大后方的经济建设,为解决战时的经济困难做出了重要贡献。

除了直接在经济上援助祖国,海外华侨还通过抵制日货活动来削弱日本经济,间接支援抗战。新加坡、马来亚的华侨发起了以禁买禁卖日货、不卖货予仇人、不为仇人工作及抗战到底为宗旨的"救国连索运动"。美国华侨抵制日货的声势,影响到同情中国抗战的美国友人。广大华侨为此付出了沉重的代价,一些华商因长期抵制日货而破产,其舍己为国的精神尤为可贵。

图 2-24　海外华人华侨积极捐资筹款支持祖国抗战

　　大批的爱国热血华侨青年，高呼"有钱出钱，有力出力!"，激于民族义愤，离开较安逸舒适的侨居地，放弃工作，历尽艰辛回到战火纷飞、满目疮痍的故土，投入民族复兴的战争中。

　　广州、武汉相继失守后，中国对外交通濒于瘫痪，西南的滇缅公路成为最主要的运输大动脉。不但缺乏汽车，而且急需熟练的司机和汽车修理工。国民政府军事委员会商请陈嘉庚在南洋协助招募司机和修理工，南侨总会遂于1939年2月迅速发出通告，一方面号召华侨捐款捐物，购买大量汽车，同时到南洋各埠演说动员。广大华侨青年热烈响应、纷纷报名参加。不到半月，首批南侨机工回国服务团成员80名就在新加坡集中出发，南侨总会举行盛大欢送会，当地报纸把首批回国机工赞颂为"八十先锋队"。

　　回国华侨各尽所能，参加各种抗日工作:有的参加医治伤患的救护队,有的参加报道战况的记者通讯团,有的从事难民救济和动员民众工作。更有海外赤子投效军旅,浴血奋战在硝烟弥漫的抗日战场。回国参军人数最多的是航空飞行人员,广东空军中的华侨飞行员比例非常高,当时空军的驱逐机中,华侨飞行员达到四分之三。华侨战士英勇杀敌,视死如归,在辽阔的神州大地上洒下了自己的汗水和鲜血。

2. 世界对中国抗战的不同态度

日本对中国的全面侵略,蔑视国际公约,打破了列强在东亚的平衡,也破坏了世界和平。侵华日军的种种暴行,践踏了人类文明与良知,引起天人共愤。许多热爱和平与道义的外国人,加入帮助中国人民抗日战争,揭露日军暴行的行列中。

七七事变爆发后,中国政府即多次向国际联盟和《九国公约》签字国提出申诉,控诉日本违反《国联盟约》、《巴黎非战公约》和《九国公约》,对中国发动武装侵略,请求国际调停和援助。

1937年9月,国际联盟理事会举行例会,中国代表顾维钧向理事会提出正式申诉,要求国联根据盟约第十条、第十一条及第十七条的有关规定,宣布日本是侵略者,并对日本采取制裁措施。理事会决议将中国提案交远东顾问委员会审查,该委员会审查后,提出的文件,虽然指出日本违反了相关的国际公约,但未明确宣布日本是侵略者;同时建议《九国公约》签字国和在远东有特殊利益的国家举行会议,共同讨论结束中日冲突的办法。1937年11月3日,《九国公约》缔约国会议在比利时首都布鲁塞尔举行,与会国包括中、美、英、法、意、比、荷、葡等 19 国。苏联作为有重大利害关系国家出席了会议,而作为主要当事国的日本拒绝参加会议,与日本结盟的德国也拒绝参加。

在《九国公约》签字国布鲁塞尔会议召开之前,淞沪战场上的中国军队已经吃紧,从战术上讲,此时应尽快撤出战场。为了展现中国抗战的决心,争取列强的介入与支持,国民政府不惜延误撤退的最佳时机,命令不堪重负的前线部队继续坚守阵地。然而,西方各国出于自己的利益,不愿意对日本进行严厉的制裁,更不愿公开支援中国。11 月 24 日布鲁塞尔会议结束时发表宣言,重申了《九国公约》的各项原则,确认日本在中国的行动违反了《九国公约》,建议日本停止行动。除此之外,布鲁塞尔会议对日本未有任何实际的制裁措施。

图 2-25　《中央日报》有关布鲁塞尔会议的报道

国联会议与布鲁塞尔会议的结果均未如中国政府所愿。两个会议使世界更清楚地了解了中日冲突的真相,使世界舆论更倾向于中国。可是中国争取英、法、美等国的经济与军事援助的努力收效甚微。由于调停的失败,日本一直惧怕的来自国际社会的谴责与压力并不严厉,其所需的石油、钢铁、铅、锡、铝、锌等战略原料仍能从英、美等国进口。西方各国政府自私自保,他们对日本侵略行径的妥协,对中国的正义反抗不积极支援,可以说是增加了中国抗战的困难,加深了中华民族所承受的苦痛。此为人类文明史上的一大遗憾。

1938 年以后,国际局势急剧恶化,世界大战的阴云逐渐将欧亚大陆笼罩。在欧洲,英、法等国对德、意两国一味妥协让步,力图避免战争的爆发,不意却是养虎为患。英、法为了集中力量对付德国,不得不削弱其在太平洋地区的防卫力量,它们认为,在欧洲危机的情况下,若与日本全面交恶,不仅会削弱它们在欧洲的地位,亦会促使日本加速靠拢德、意。但如果承认日本的侵略扩张要求,则意味着英、美各国在华利益丧失殆尽。为此,英、美等国选择了一条折衷的路线——在中日两国之间游说以促成停战,使中日双方实现有条件的妥协,而最大限度地保存其在远东的利益。日本充分利用西方列强之间的对立和它们惧怕在华利益受损的心理,对英美等国施加压力,迫其让步。1939 年夏,欧洲战云密布之际,日本借口"伪临时政府"的一名成员在天津英租界被刺事件,封锁天津英、法租界,禁止交通和食料输入,迫使英国与其会谈。7 月 22 日,英日双方签订了《有田—克莱琪协定》,英国政府几乎完全承认了日本武装占领中国的"实际局

势",甚至做出了不干涉日本在华侵略行为的保证。同年 10
月,美国驻日大使发表声明,表示赞同日本提出的"东亚新秩
序",但不能排斥美国在华的利益。这样一来,英、美两国实
际上纵容了日本侵略,牺牲中国利益。欧战爆发后,1940 年
6 月,德国侵占法国,欧洲局势进一步恶化。日本在德、意两
国的支持下,要求英、法封锁滇缅、滇越运输,切断中国战略
物资补给。6 月 19 日,法国殖民当局封闭了滇越铁路;7 月
15 日,英国也屈服于日本压力,同意封锁滇缅公路 3 个月。
中国西南大后方的国际通道由此封闭,战略物资的供应更形
困难,雪上加霜。

　3. 国际友人对中国抗战的支持

　　侵华日军铁蹄肆虐中国大地,战火所至之处,无人能免
受影响。旅居中国的外国侨民,为了避开战祸,大部分或选
择踏上归国的行程,或选择躲进暂时安全的租界观望。但有
一些外国记者,他们凭借自己独特的身份与职业精神,冒着
枪林弹雨,深入战场最前线,向全世界报道中国的战况。这
些报道用最客观平实的文字,记录下日军师出无名的侵略行
径,将最真实的中国战场展现给全世界。

　　留在中国的外国人当中,不乏为中国军民奋死抵抗的精
神所感染,对日军暴行深恶痛绝的人道主义者。他们目睹日
军暴行,面对中国难民所遭遇的困境,主动伸出救援的双手。
淞沪抗战产生了大批的难民,法国天主教神甫饶家驹等人倡
议在上海南市成立难民区,得到英、美、法等国驻沪外交当局
支持,最多曾有收容所 130 余所,收容难民 10 万人以上。淞
沪会战结束后,饶家驹继续从事中国的战时难民救济工作。

德国人拉贝(John Rabe)长期在中国工作,1931年出任德国西门子公司驻华总代理。抗战爆发后,南京告急,拉贝不顾德国使馆的再三劝告,毅然留在南京。他与来自德国、美国、英国、丹麦等国的15人,组建了"南京安全区国际委员会"。这些富有人道主义精神的成员,其职业各不相同,有企业家、教授、牧师、记者、医生等。拉贝在南京生活多年,熟识各国政要,又有德国人特殊身份,因而被推举为委员会主席,主持南京的安全区事务。拉贝欣然受命,全身心地投入安全区的工作中。"南京安全区国际委员会"在日军展开惨无人道的南京大屠杀时,先后收容、庇护了多达二十万的难民,无数的生命得以拯救。拉贝还在日记中记录了侵华日军的残酷暴行,和中国平民遭受的苦难。他的日记成了侵华日军屠城的铁证。

在国际友人中,还有无数个"拉贝"在默默地救援无辜的平民,支持中国的抗战。战时中国的卫生医疗条件,不仅简陋低下,而且人员急缺。许多鲜活的生命,因为得不到及时有效的救治,遗憾逝去。在许多外国人纷纷离开中国躲避战火时,一批外国医疗救援队却远涉重洋,带着一身精湛的医术,深入到中国战场的最艰苦的地方。加拿大医生白求恩(Norman Bethune)是最广为人知的一位,他以毫不利己、专门利人的献身精神和精湛的技术为伤病员服务。

白求恩到达延安后,坚持要到最前线去为抗日官兵服务,他认为只有亲自到火线救治才能挽救更多的生命,提出"医生在后方等待伤员的时代已经过去"。在前线他曾连续三天三夜工作,创下为115个伤员做手术的纪录,还几次为

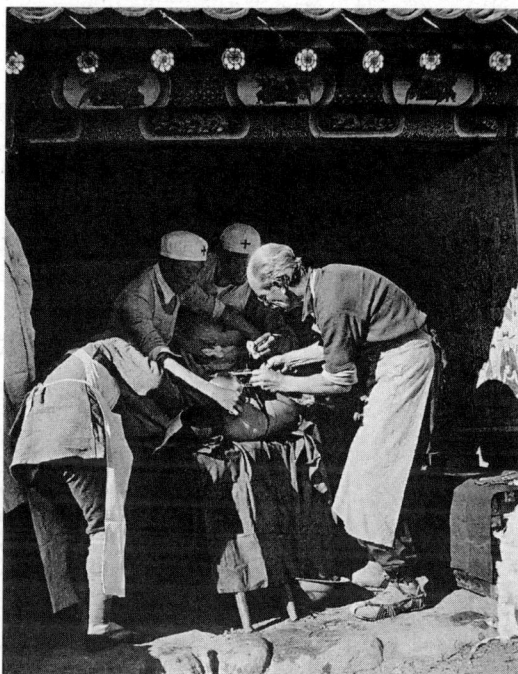

图 2-26　白求恩在前线手术

伤员输血。他总说："你们要拿我当一挺机关枪使。"1939 年 11 月,白求恩在前线做手术时被刀尖碰破了手指,不幸感染病菌。手指发炎已经疼痛万分,他还是坚持做了 13 台手术,还一边写治疗疟疾这种顽疾的讲课提纲。最终,一生解救他人于水深火热的白求恩自己却倒在了病床上。在生命的最后时刻,他留下的遗嘱仍是工作布置与治疗伤员,将遗产分给战友们,真正做到"死而后已"。

　　决定国与国之间外交的砝码,是实力与利益。西方国家的有些政客军人为了达到目的,罔顾公平道义,强权欺凌弱小,甚至与敌共舞。但世界上爱好和平的外国友人,本着对文明的坚守、对正义的追求与对和平的憧憬,支援中国的抗日战争。有的人甚至远渡重洋,来到中国,救援苦难之中的中国民众,谴责践踏文明的日本军人。他们的事迹,捍卫了高尚的人道主义精神,发扬人性的光辉。

与西方国家的态度不同,苏联在中国全面抗战初期提供了援助。20世纪初,俄国与日本曾为争夺在中国东北的权益,发生过激烈的战争。苏联与日本互视为对手,如果日本完全占领中国,将获得巨大的人力和物质资源,从东北对苏联构成重大威胁。苏联不希望看到这个结果,故而援助中国对抗日本有利于苏联的国家利益。同时,中国对利用苏联制约日本也寄予较大的希望,不仅因为诸强中惟有苏联拥有在远东迅速干预的力量,而且中国与苏联陆路相通,在海上被封锁的情况下,苏联的物资援助仍能通过陆路输入。

早在七七事变爆发前两年,中苏之间就已经开始订立有关条约的洽商。但双方诉求有所不同,中方希望签订两国互助条约,即通过与苏联结盟,联合对抗日本。而苏联不愿意过早卷入战争的旋涡,故而要求签订两国互不侵犯条约。七七事变爆发后,中国为尽快签约,以获得军事物资的援助,解燃眉之急,最终商定签署互不侵犯条约。

1937年8月29日,《中苏互不侵犯条约》全文公布。在各大国力图"中立"之时,苏联声明不与战争中的一方为敌,以条约形式表明它与中国的非敌对立场,在世界上产生的影响是震撼性的,对抗战中的中国军民在精神上是一大声援,对日本是一种打击。

苏联从道义上、物质上和人力上给予中国大量援助和支持,源源不断地向中国输送各种军需品,并承诺帮助中国创办飞机制造厂、修建兵工厂等。

图 2-27　苏联向中国输送的战时物资

从 1937 年到 1941 年,苏联先后向中国贷款约 2.5 亿美元,用于中国购买苏联军火、汽油和其他工业品,而中方则用茶、钨、锑、锡等农矿产品偿还。苏联支援中国作战飞机 1235 架、坦克 82 辆、牵引车 602 辆、汽车 1516 辆、大炮 1140 门、轻重机枪 9720 挺、步枪 5 万支、子弹约 1.8 亿发、炸弹 3.16 万颗、炮弹约 200 万发。为了运输援华物资,苏联还帮助修筑了自苏联境内的萨雷奥泽克到中国兰州的公路,共 1925 公里。这些援助,对于艰苦抗战的中国无疑是雪中送炭。相比于西方列强的观望态度,苏联的援助显得十分重要。

除了物资之外,苏联还陆续派出志愿军和军事专家来华协助对日作战,有 3000 多名军事顾问和工程技术人员、2000 多名航空兵来到了中国战场。1937 年 10 月,苏联开通从阿拉木图经兰州到武汉的航线,将由飞行员和机械人员组成的空军志愿队派遣来华,以汉口和南昌作为苏联空军志愿队的中心基地。

1937 年 11 月底,首批苏联空军志愿队到达南京,参加了南京保卫战。苏联飞行员在南京 5 次升空作战,击落日机 3 架。随后的武汉保卫战中,中苏空军多次联合起飞迎敌,予敌以重创。

1938 年 2 月 18 日,日机 38 架空袭武汉,中苏空军 29 架迎敌,击落敌机 14 架之多。原本日本轰炸机的基地,都是离前线 50 公里以内的,当苏联空军志愿队出现后,日本空军不得不把基地转移到 500 公里至 600 公里以外的后方。不仅如此,中苏空军还主动出击,于 1938 年 1 月至 6 月,轰炸日本机场 20 余次,炸毁敌机 100 余架。在苏联空军志愿队的协助下,中国空军在 1938 年 2 月 23 日,从汉口飞抵日军在台北的松山机场,炸毁日机 12 架、兵营 10 座、机库 3 座。

1938 年 4 月 29 日,是日本天皇的生日。日军决意对中国军队固守的武汉发起大规模空袭,作为对天皇的贺礼。下午,日军出动了 27 架战斗机和 18 架攻击机,从几个方向逼近。武汉上空日机如黑云压城,战机轰鸣声震耳欲聋。当日机进入武汉空防警戒范围时,遇到严阵以待的中国空军。日机见中国早有防备,对几个既定目标进行袭击后,见无隙可钻,准备返航。不料日机的侧东面,突然又冲出一群驱逐机。日本飞行员发现,驾机作战的是苏联空军志愿队,顿时慌乱日机在返航途中遭到拦截,缺乏准备,油料也显不足,慌不择路,而苏联空军志愿队有较高超的空战技巧与勇猛的精神,与中国空军协同作战。一场激战之后,中苏空军通力合作,取得击落日机 21 架的大捷。为赢得这场胜利,中苏空军亦损失了 12 架驱逐机。

　　1941 年 6 月苏德战争爆发后,苏联飞行员陆续回国。在中国抗战的 4 年多里,苏联空军志愿队浴血奋战,战果显赫。不仅如此,苏联空军还为中国培训空军的人才,提供技术,大大增强了中国的空中抗战能力。来华参加对日作战的 2000 多名苏联飞行员中,有 200 多人为中国的抗战而血洒长空,其中包括轰炸机大队长库里申科和战斗大队长赫曼诺夫。中国人民永远记得他们的名字。

图 2-28　为中国抗战献身的苏联空军志愿队飞行员库里申科

从 1937 年到 1941 年，日本侵占的中国国土越来越多，侵略气焰越来越嚣张，日本试图通过切断中国的国际援助，从而孤立中国，迫使国民政府投降。中国抗战的条件与环境日益困难。但是，中华民族无论是军人还是百姓，无论身处前线还是海外，全民族都在坚持抗战。中国抗战到底的决心，逐渐为全世界理解与同情。1940 年，日本占领法属印度支那，直接威胁到英、美、法在太平洋地区的利益。同年，德、日、意签订军事同盟条约，轴心国已经成为全世界的公敌，日本与英美之间的矛盾日益尖锐。全世界反对法西斯侵略的人民，终将联合起来，与中国人民一道，共同为挽救人类文明而战！

第三章 中国抗战与世界反法西斯战场联为一体（1941—1945）

一、太平洋战争与中国战场

1937 年 7 月 16 日晚，陕北延安万籁俱寂，唯独毛泽东所住的窑洞还有微暗的亮光。交叉着双腿盘坐的毛泽东吸着一支前门牌香烟，正在向美国记者埃德加·斯诺谈论他对抗日战争局势的展望。窑洞内蜡烛毕剥作响，烛焰随风摇曳，毛泽东娓娓道来，不紧不慢地称，中国人民要想消耗和打败日本的军队需要满足三个条件，分别是：中国结成抗日民族统一战线、全世界结成反日统一战线以及在日本帝国主义势力下受苦的被压迫各国人民采取革命行动。

无独有偶，蒋介石早在 1935 年 8 月 21 日的日记中写道，导致日本最终走向失败的因素包括：日军对华用兵遭遇中国军民持久抵抗，遭受国际干涉而环攻，以及日本国内发生内乱、革命。

国共两党的领袖都认识到，在日本实力明显强于中国的情况下，国际能否形成反日统一战线，是中国抗战胜败的关键因素之一。

1. 日本北进受阻

毛泽东和蒋介石不约而同地强调国际因素是中国击败日本不可或缺的因素之一,不仅是因为当时中日两国综合国力存在较大的差距,更是对日本对外扩张政策的了解及抗日战争必将发展演变成为世界反法西斯战争一部分的判断。

日本有北进和南进两种对外扩张的策略。所谓北进,是向中国东北方向发展,与苏联开战;所谓南进,是向东南亚和南洋群岛方向发展,矛头直指英、美等国。只不过,日本无论推行北进策略,还是南进策略,都必须先解决中国问题,或者必将中国裹挟进去。正是在这样的东亚局势下,中国的决策者可以依据中国在日本与苏联、英美等国之间的利害关系中所处的位置,来制定抵抗日本的策略。或者说,中国领导人一直在试图利用英、美、法、苏等国在华利益与日本独霸中国之间的冲突,引入国际势力,从而使中日战争朝着有利于中国的方向发展。

事实上,自从 1931 年九一八事变爆发以来,面对日军的步步侵略,中国政府便采取了诉诸《国际联盟盟约》《九国公约》的外交策略,援引英、法、美等国的势力,以期在国际上孤立日本,争取国际同情和援助,甚至促成英、美、法、苏等大国对日实施经济或武力制裁,但在欧美各大国均不愿卷入中日纷争的情形下,并没有取得多少实际成效。在相当长一段时期内,中国军民独自与强敌日本相抗衡,这客观上减少了英、美、法、苏等国及其殖民地遭受日军进攻的危险。

1937 年 7 月 7 日,卢沟桥事变爆发,日本开始全面侵华,中国军民竭力进行抵抗。特别值得一提的是,中国军队在上海与日军展开一场震天动地的鏖战,向世界发出誓死抵抗侵略、捍卫人类公理的呼声,同时也向国际社会发出求援信号。上海是当时中国与外部世界联系最为紧密的口岸城市,也是外国民众感受中国脉搏跳动之所在。然而,对于遥远的东方炮火连天,欧美各国并没有给予应有的关注和声援。

西方世界的冷漠说明,期待英、美、法、苏等大国短期内卷入中日战争不太现实,除非日军向北进攻苏联或南进与英美作战,而日军侵占中国的实效将很大程度上影响其北进或南进政策的实施。日军的如意算盘是用三到四个月时间消灭中国中央政府,彻底击垮中国军队的抵抗意志,转而准备对苏联作战。然而,中国军队在上海一役便与日军激战近三个月,不仅粉碎了日军速战速决的迷梦,而且迫使日军一再变更作战计划,深陷中国战场难以自拔。

出于使日军困在中国战场的目的,苏联向中国提供武器援助,并在出兵对日作战问题上保持暧昧态度。1937 年 11 月 17 日,日本鉴于中国战局非短期内可以解决,设立大本营,主持侵华作战。24 日,日本第一次大本营御前会议召开,决定在中国东北仅增加一部分兵力加强防备,避免给苏联不必要的刺激。至 1937 年底,日军在中国投入的兵力达 16 个师团,占陆军总兵力的三分之二,关东军和朝鲜军仅有 7 个师团,而苏联远东军已增加至 20 个师。在这种情况下,日军只能寄希望于先征服中国,其北进政策的实施遥遥无期。

尽管如此,日军与苏军在中苏边境还是发生了摩擦。1938年7月底,日军以少数兵力主动进攻苏军,挑起张鼓峰事件,但由于日军主力正集中在中国战场,准备发动武汉会战,日本当局不希望与苏联扩大冲突,兵力处于劣势的日军很快便败下阵来,被迫签订日苏停战协定。遭遇这次失败后,日军北进势头不得不有所收敛,从长计议对苏作战计划。1939年5—9月,日苏之间又爆发了更大规模的诺门坎军事冲突,由于日军主力深陷中国战场,无法北上增援对苏作战,最终仍以日军的失败而告终。至此,日军的北进政策沦为次要地位。

1938年10月,日军为切断中国海上补给线,发动广东作战,并迅速占领广州,迈出南进的第一步。1939年2月,日军在海南岛登陆,进占海口,制造了太平洋上的"九一八",对英、法、美等国在东南亚的殖民统治造成一定的威胁。不过,此时英、美、法等国不愿介入中日战争,仍与日本保持邦交关系,也没有以实际行动来援助中国,对日军侵华采取不同程度的绥靖政策。日本暂时也没有把矛头直接指向英、法、美,南进势头并不明显。

与德国结盟,借助德国的力量,是日本独霸亚洲、太平洋的重要外交战略。1936年11月,德、意、日三国签订《反共产国际协定》,结为同盟。1939年以后,欧洲局势动荡不安,德、意与英、法对峙。德国要求日本迅速结盟,共同对付英、法,但日本的计划为先行解决中国问题,进而解决对苏问题,

图 3-1 1939 年 2 月,日军空袭海南岛航拍照

最后才是对付英、法,故无法满足德国的要求。5 月,德、意抛开日本,缔结军事同盟;8 月,德国和苏联签订互不侵犯条约,日本在外交上遭受沉重打击。日本遭遇对德外交失败,不得不与英、法、美维持邦交关系。

2. 日本走向太平洋深渊

1939 年 9 月 1 日下午,"雅典娜"号客轮驶离英国远航加拿大。就在这天早晨六七时,德军铁骑从北面、西面源源不断入侵波兰。紧接着,波兰境内华沙、洛志、泽科、维尔纳等地上空也传来了德军飞机肆虐的呼啸声。战火在欧洲大陆从天而降,炮声隆隆。

9 月 3 日上午,英国广播公司传来了英国向德国宣战的消息。"雅典娜"号客轮上的 1000 余名乘客极度焦虑不安。傍晚,"雅典娜"号航行至赫布里底群岛以西 200 海里处时,进入了正在巡弋的德国"U-30"号潜艇的视野。潜艇舰长根据"雅典娜"号的外形认定它是一艘被改装过的英国武装商船，于是下令击沉它。随即，德国"U-30"号潜艇向"雅典娜"号发射了3枚鱼雷，"雅典娜"号几乎被拦腰斩断，112名乘客不幸丧生（其中有近30名美国人）。"雅典娜"号成了二战欧洲战场的第一个海战牺牲品。

德国进攻波兰，英、法随即对德宣战，第二次世界大战的格局初步形成，世界形势为之剧变。这对正在交战的中日双方影响极大。中国看到了与英、法展开合作，东方战场与欧洲战场结为一体，中日问题与欧洲问题一起解决的希望；日本则认为世界各大国的注意力均转向欧洲，无暇顾及远东，为加速解决中国问题提供了良机。欧战的爆发，某种意义上刺激了日军南进太平洋的野心。

欧战爆发以后，尽管中国政府希望促成世界反侵略同盟的建立，共同对付日、德、意等法西斯国家，但当时中国是弱国，不被欧美各国所重视，在国与国之间的利益交换中往往是被牺牲的一方。中国战场得不到应有的重视，孤零零地被排除在外，这种局面持续到太平洋战争爆发为止。在这种情形下，中国所能做的，便是始终坚守在世界反侵略阵营中，等待国际形势的变化，以及对手日本犯错。

欧战初期，德军进展甚速，短短半年内便席卷大半个欧洲，全世界为之震动。1940年6月，意大利向英、法宣战，德军进占法国巴黎，法国投降。日本乘势向英、法施压，强行要求英、法关闭滇缅路、滇越路。滇缅公路和滇越铁路是当时中国西南边境通往海外仅存的两条交通命脉，日本希望通过进一步封锁中国边境，切断国际战略物资的输入，迫使中国政府屈服。为了避免远东殖民地遭受日军侵犯,英、法采取对日妥协的态度。6 月 21 日,法国宣布滇越路停运;7 月 17日,英国宣布滇缅路停运三个月。

1940 年 7 月,日本内阁改组,近卫文麿再次组阁,上台伊始便制定了根据世界形势变化,迅速解决中国问题,捕捉良机,解决南方问题的政策,正式将南进战略提上议事日程。9月,日军强行在越南海防登陆,法越军阻止无效。这是日军全面侵华以后,首度跨出中国疆域,侵略第二个国家,迈出南进的重要一步。

1940 年 9 月,德、意、日三国在柏林签署军事同盟协定,率先结成轴心国阵营。日本南进向英、美挑衅,急需结交与国,改变在国际社会被孤立的态势,与德、意结盟便顺理成章。由于德、英之间暗礁甚多,德军并未向英国本土发起登陆作战,而美国卷入欧战的可能性大增,德国急需联日对抗美国,牵制苏联。国际形势对中国越发有利,英、美势必对日军在南太平洋的侵略行动再难坐视不管;苏联处境微妙,面临德、日两面夹攻的险境。因此,美、英、苏皆不可过于轻视中国抵抗日本的作用,中国国际地位有所提升。不过,此时美、英、苏不欲涉入中日战争,避免过度刺激日本,仍与日本维持邦交关系,但也增强了对中国的援助。

1940 年 10 月 18 日,英国重新开放滇缅路。11 月 6 日,罗斯福第三次当选美国总统,并于 12 月首次发表炉边谈话,公开宣称中国与美、英的命运有密切的关系,美国将承担起民主国家兵工厂的责任,加大对中国援助的力度。同时,美、英不断增强在太平洋地区的防御力量,加大对日本经济制裁的力度。日本封锁中国边境失败,切断外援提早结束中国战事的美梦化为泡影,并且遭遇美国、英国、荷兰等国家的反制,攫取南洋战略物资的巨大野心遭受重击,更加显得焦躁不安。1941 年 2 月 25 日,美、英共同警告日本切勿南进。

为了缓解美、英等国的经济制裁,日本试图通过与美国直接谈判,改善日美关系。美国在太平洋地区的军事防御远未完成,且美国政府相当一部分人士担忧如果对日本禁运过于严格,反而会激怒日本,祸及于己,因此并未拒绝与日本谈判。1941 年 3 月初,日美谈判开启,但进展缓慢。与此同时,日本为了增加对英、荷等国的压力,积极在越南南部、泰国筹建军事基地。7 月 21 日,日本迫使法国当局同意日本陆军进驻越南南部。次日,美国总统罗斯福宣布冻结日本在美资产,英国、荷兰相继效仿。此外,美、荷两国还宣布对日本全面禁运石油,使日本强烈感受到被遏制的窘迫。

1941 年 6 月 22 日晨,德国进攻苏联,德苏大战爆发。但日本并未因此改变南进战略,转而向北进攻苏联。德苏开战伊始,日本天皇亲自主持御前会议,决定不改变既定的南进政策,同时加强对苏备战,伺机北进。随即,日本集结了 70 万兵力,在中国东北举行特大军事演习,历时两个月。然而,苏联在东部集结了 30 个陆军师团、2300 部战车、1700 架飞机,实力远在日军之上,且德军进攻苏联进展未达到日本所预期,驻远东苏军并没有西调的征兆。再且,西伯利亚冬季酷寒,不宜作战,日本不得不放弃北进的政策。8 月 9 日,日本陆军在新制定的《帝国陆军作战纲要》中强调:"不管德苏战争如何演变,在昭和十六(1941)年度放弃解决北方的企图,专心集中于注意南方。"

　　日本为了与美国恢复经济关系,解除冻结,另订通商条约,以及希望通过美国劝告英、荷与日本恢复邦交,加速推进对美谈判。美国为了抑制日军南进的势头,也愿意与日本周旋。1941 年 11 月下旬,美、日达成一项以 3 个月为有效期的临时过渡办法,主要内容是:日军撤退 7 月 26 日以后进驻越南南部的军队,不得向泰国增派军队或另作其他准备;美国政府应允变通冻结日本资产及出口贸易的限制条例,并向英、荷政府洽商,撤销对日经济制裁。该项办法实际上不允许日军向南进攻美英及向北进攻苏联,完全把日军限制在中国本土,纵容、默许日军对中国的侵略,放任不管,对中国危害极大。

　　中国政府得知美日临时过渡办法内容后,第一时间向美国提出严正抗议,坚决反对,要求美方不再对日妥协。11 月 26 日,美国总统罗斯福召见中国驻美大使胡适和蒋介石私人代表宋子文,详细了解中国政府的态度后,最终决定放弃临时过渡办法。必须说明的是,美国并非基于维护中国利益,而是在全面权衡中国战场的重要性后做出这一慎重选择。当日,美国国务卿赫尔向日方代表复照,明确提出四项基本原则与十点建议,申明美方基本立场,态度极其强硬,要求日本必须完全撤退在华军队,取消在华领事裁判权,承认重庆国民政府为中国唯一合法政府,撤销被占领区内各种不合法的政治组织等。美日谈判急转直下,日本再次遭遇重大打击。

　　事实上,11 月初日本御前会议就出台了 12 月初对美、英、荷开战的方案。日本大本营还正式编成南方军,不久便下达了作战准备命令。11 月 29 日,新上任的日本首相东条英机猛烈抨击美、英的远东政策。12 月 2 日,美国总统罗斯福正式责问日本在越南集中兵力的理由何在,为何对美方的提案迟迟未作答复。5 日,日本天皇批准了陆海空军对美、英、荷开战的计划。7 日,日本回复美国政府,完全否定美方所拟的条款,强调继续谈判毫无意义。美、日谈判彻底宣告破裂。

12 月 8 日(美国时间为 7 日)凌晨,日军长途偷袭夏威夷美军军事基地,同时向美、英等国控制的南洋各地发起进攻,太平洋战争爆发。随即,美、英对日宣战。9 日,中国正式对德、意、日宣战。

图 3-2 1941 年 12 月 8 日,日军偷袭珍珠港的第一波袭击

太平洋战争爆发后,形成了以德、意、日为首的法西斯轴心国与以美、英、苏、中为核心的反法西斯同盟国两大阵营对抗的局面,第二次世界大战的格局完全确立。中国军民始终站在世界反侵略的民主阵线,为促成国际反侵略阵线的建立而努力,苦撑待变,终于迎来了国际形势的巨变,单独对日作战的困局有所缓解,中日战争与世界战争接轨。日本则一步一步走向太平洋战争的深渊,彻底走上了通往失败的不归路。

3. 国际反法西斯统一战线形成

1941 年 12 月 8 日凌晨 4 时,蒋介石在重庆南郊的黄山官邸得知日本偷袭珍珠港的消息,立即起床祷告,随即赶往重庆城内。当天上午 8 时,国民党召开中央常务委员会特别会议,决定向美国建议成立由中美等国组成的军事同盟,接受美国的领导。下午,蒋介石召见了英、美、苏三国驻华大使,宣布中国已决定向日、德、意法西斯宣战,并把中国关于建立中、美、英、苏、澳、荷、加等国军事同盟的提议,交给各国大使。蒋介石当天日记写道:“本日抗战政略之成就已达于巅点,物极必反,居高临危,能不戒惧?”同日,美国总统罗斯福发表咨文,表示美国国土受到日本“蓄谋非法袭击”,请求国会对日宣战,获得批准。

太平洋战争爆发后,中共中央立即发表了《为太平洋战争的宣言》等文告,表示“中国政府和中国人民应该继续过去五年的光辉战争,坚决站在反法西斯国家方面,动员自己一切力量,为最后打倒日本法西斯而斗争”。中共中央还提出要建立“太平洋各民族反法西斯的统一战线”,为达此目标,中国共产党及其武装应该在各种场合与英美人士通力合作,改善中国的抗战局面。

　　12月9日，中国政府发布对日宣战文告，谴责日本悍然扩大侵略战争，向全世界宣告：中国政府正式对日本宣战，"昭告中外，所有一切条约协定合同，有关中日关系者，一律废止"。同日，中国政府也宣布与德、意两国处于交战状态。中国在东方独立抗击日本侵略4年多后，终于可以扬眉吐气正式向侵略者宣战。当日，蒋介石还接见了美、英、苏驻重庆军事代表，强调太平洋各前线军事部署有重新迅速调整的必要；提议由民主国家或中、美、英三国先行订立军事互助协定，并在重庆成立太平洋联合军事指挥部，担当调整全部战

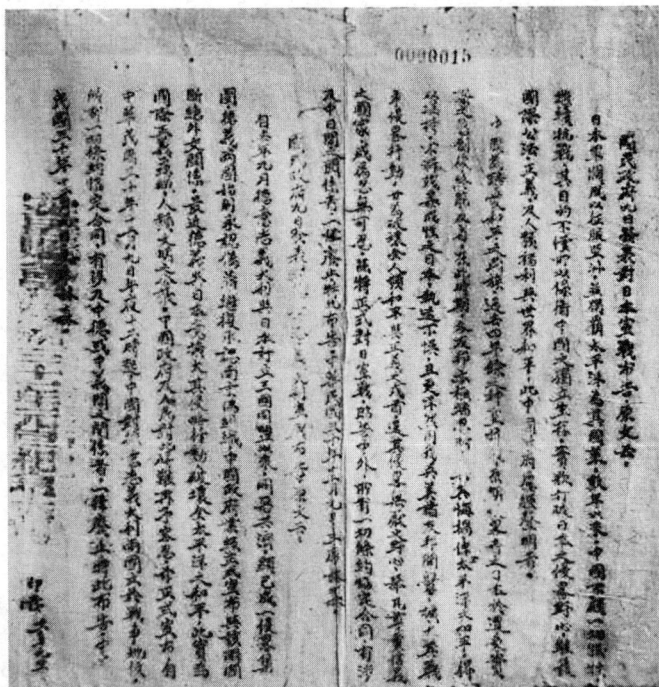

图3-3　1941年12月9日，中国政府发布对日宣战文告

略及统制补给物资分配之责,由美国出任领导。

蒋介石的提议,很快得到了罗斯福总统的回应。1941年12月16日,罗斯福致电蒋介石赞成召集各国代表会商作战计划,建议尽快在重庆召集联合军事会议,交换情报,商讨在东亚战区采取最有效的陆海军行动或产生永久机构,以便协商与指挥各国共同行动,击败日本及其盟友,参会者应包括英、中、荷、苏及美国代表。

中国政府随即起草了五国军事会议大纲,推进联合军事会议的召开。1941年12月23日下午4时,中、美、英三国军事代表在重庆召开第一次会议,商谈远东战略问题,会议至翌日凌晨3时才结束,通过了远东联合军事行动初步计划六条等方案。由中、英、美三国代表组成的重庆军事会议宣告成立。由于英、美方面的原因,重庆军事会议并未取得中方预期的结果,同盟国在远东地区的全面合作与加强援助中国等问题依旧悬而未决,但其成功召开,中国代表与英美代表平起平坐,共商大计,仍为近代中国外交史上的一大成绩。

尽管中国政府没能促成同盟国远东军事联合指挥机构的设立,设在美国华盛顿的英美联合参谋长会议实际上充当着盟军参谋部的作用,但中国依旧尽心尽责配合盟军的总体战略和军事行动。1941年12月31日,罗斯福致电蒋介石称,正式在南太平洋战区成立最高统帅部,指挥全部美、英、荷军队;英、荷同意在中国战区设立最高统帅部,建议蒋介石担任盟军中国战区最高统帅,指挥在中国境内以及越南、泰国境内活动的联合国家军队,并立即由中、美、英三国政府代表组织联合作战参谋部。1942年1月2日,蒋介石复电罗斯福,同意就任中越泰战区盟军最高统帅。中国战场正式与世界反法西斯战场联为一体。

1942 年元旦,中国驻美大使胡适代表中国签署美、英、苏、中共同对付轴心国的宣言,这标志着中国正式跻身"世界四强"行列。罗斯福对蒋介石的私人代表宋子文表示,欢迎中国列为"四强"之一。随后,美国白宫宣布了由美、英、苏、中、荷及其他 22 个反轴心国国家共同签署的《联合国家宣言》,宣布以《大西洋宪章》的宗旨和原则作为同盟国共同纲领,凡签字国政府保证将运用其全部的军事与经济资源,对抗法西斯国家,并在战争中紧密合作,互相援助,绝不单独与敌人停战或议和。之后,反法西斯各国之间又签署了一系列多边与双边协议,世界反法西斯战线正式形成。中国与美、英、苏并列为世界反侵略的中心,领衔签署具有重大标志性意义的国际宣言,蒋介石出任中越泰战区盟军最高统帅,这不仅是对此前中国单独对日作战的肯定和回馈,也意味着中国国际地位的空前提高,中国人民的抗日事业得到了更广泛的同情与支持。第二次世界大战的进程与结局因此而发生了重大的转折。

二、中国战场的大规模作战

1941 年 12 月 27 日晨,隆冬时节的长沙飘起了漫天大雪。"瑞雪兆丰年",长沙民众无不欣喜,期盼来年有好的收成。此时湖南已经成为中国抗战正面战场的重点所在,驻守在此地的第九战区军队依靠"天炉"战法,已两次成功粉碎日军的进攻,取得两次"长沙大捷"。

　　所谓"天炉"战法,是指在预定的作战地,构成纵深网形据点式阵地,配置必要的守备部队,以伏击、诱击、侧击、截击、尾击、堵击等手段,逐次消耗敌力,挫其锐气,然后于决战阵地使用优势兵力,实行反击及反包围,歼击敌人。这种歼敌致胜的新方略,如炉熔铁,故名为"天炉"。面对来犯之敌,第九战区司令长官薛岳率部第三次用"天炉"战法击溃日军,也就此拉开了太平洋战争时期正面战场作战的序幕。

1. 正面战场的得失

太平洋战争爆发后,日军立即在南太平洋发动全面攻势,强占泰国,进攻中国香港、马来西亚、新加坡、关岛、马尼拉等地,希图摧毁美、英、荷在远东的军事根据地。尽管日军分兵于西南太平洋战场,但其绝大多数兵力仍然留在中国战场。1941 年 12 月,日军在华兵力共有 35 个师团,总计 138 万人,占日本陆军总人数的 65%,而西南太平洋战场上仅有 10 个师团。日军并没有因为开辟新战场而在中国收缩战线,放松对中国军队的压迫,反而采取积极措施,强取美、英等国在华权益,切断各国与中国的联系,图谋摧毁中国军队的抵抗意志,妄图迫使中国政府屈服,从而可以全力投入太平洋战场,对付英、美军队。

　　1941 年 12 月 24 日,正值日军进攻香港之际,驻在武汉的日军第十一军得知中国军队将南下增援,决定趁机在湖南发起牵制作战,以 3 个师团共约 12 万兵力向长沙进犯,第三次长沙会战爆发。薛岳迅速做出针对性部署,下令第十军固守长沙,其余各部则在长沙外围待命,等待日军进攻长沙时,逐次缩小包围圈,从而以优势兵力消灭日军。1942年1月1日,求战心切的日军开始向长沙中国守军发起猛烈进攻,第十军在城内顽强抵抗。至4日晚,日军仍未得逞,由于连日苦战,消耗巨大,便开始撤退。此时,长沙城内外30万中国军队从各个方向向长沙合围,对日军进行堵截。日军遭遇中国军队的持续阻击和追击,在雨雪交加的恶劣天气下突围困难重重,结果损失惨重。1月16日,日军才基本上回到新墙河以北的原驻地。

日军为支援对香港作战而发动第三次长沙会战,得不偿失。日军士兵在长沙附近的伤亡人员,相当于对香港作战的两倍多。此役,日本官方公布的数字为战死1462名、负伤4029名。惨败甚至还动摇了一部分日军的信念,"经过一年多的时间才得以恢复"。第三次长沙会战的胜利,不仅再次挫败了日军摧毁中国军队抵抗意志的图谋,极大地提振了中国军民的士气,也是太平洋战争打响以来同盟国军队获得的第一个较大规模的胜利,美、英两国均致电中国政府道贺。

太平洋战争爆发以后,中美结成军事同盟,美国空军利用中国机场,对日本本土实施轰炸。1942年4月18日,美国B-25型轰炸机机群从"大黄蜂"号航空母舰上起飞,轰炸日本东京、大阪、横滨、名古屋后,安全降落在中国浙江、江西和湖南境内,并得到救援。日本国内对此次轰炸感到十分震惊。21日,日本大本营决定发起摧毁浙赣两省中美空军基地的第十九号作战。自5月15日起,日军第十三集团军从浙东沿浙赣铁路及其两侧向西南发起进攻,浙赣会战打响。

日军相继攻占浦江、东阳、义乌、永康、建德、金华、兰溪等地后,继续向衢州进犯。日军第十五师团师团长酒井直次郎在兰溪附近被地雷炸成重伤,旋即毙命,这是日本陆军创建以来师团长首次在战场上阵亡。6月3日,日军向衢州发起总攻。由于此时中国战场的重心在滇西战场,中国最高统帅部改变战略,决定放弃在衢州附近与日军决战的计划。7日,中国守城部队向南突围成功,日军进占衢州。随后,日军继续向西推进,并于14日攻陷上饶。

为了策应东线的进攻,5月底浙赣路西段日军从南昌出动,向东发起进攻,6月接连攻陷进贤、东乡、鹰潭、贵溪、弋阳等地。6月初,日军一部还集中舰艇向鄱阳、都昌、余干等地发起进攻。7月1日,东西方向日军会师横峰,完全打通浙赣铁路。此外,6月江西境内的日军一部还渡过抚河,向临川一带进犯,一度攻占宜黄、崇仁、南城等地,与中国军队展开激烈的争夺战。

6月下旬,浙江境内的日军一部向浙东南发起进攻,于24日攻占丽水,破坏机场。7月,日军又攻陷青田、温州、瑞安等地。28日,日军大本营下令终止浙赣会战,战地日军各部陆续撤退。8月下旬,抚河、赣江之间的日军退回南昌。9月上旬,浙江境内的日军主力退至钱塘江北岸,浙赣会战结束,恢复至战前状态。在这次作战中,日军出动9个师团共约20万人,此为自1938年底武汉会战结束至1944年4月豫湘桂战役爆发之间日本在中国战场动用兵力最多、持续时间最长的一次军事行动。中国军队11个军共约42万人顽强地与日军展开周旋,极大地消耗和牵制了日军。据日本方面的统计,浙赣会战期间死伤师团长以下官兵共 17 148 人。作战过程中,日军惨无人道地使用了毒气。

由于正面战场及各游击区的中国军队不断对日军进行袭扰,日军为了确保占领区,加紧掠夺物资,破坏中国抗战大后方的供给线,巩固占领区武汉、南京中心地带的安全,积极寻找中国军队作战。1942 年,日军分别对鲁西游击区、太行山游击区、河南地区、第二战区、第六战区、第八战区、鲁苏战区、大别山游击区等中国军队实施猛烈的军事打击。1943 年,日军又相继发起沙市、鄂西、常德会战,但均遭遇到中国军队的顽强抵抗,日军虽一度得逞,但最终不得不撤出新占领区。

1943 年秋,日军大本营从全盘战局考虑,决定在中国战场上重新加强攻势,目标包括摧毁美军在华空军基地、打通中国南北大陆,进而保障通往南太平洋的陆路交通线顺畅。鉴于在华美国空军十分活跃,频频空袭日本在中国东海一带的船只,日军大本营为了防御日本本土,提前为应付同盟国军队的反攻做准备,深感有进行上述作战的必要。1944 年 1 月 24 日,日本陆军参谋本部向中国派遣军司令官传达了"攻占湘桂、粤汉及京汉铁路南部沿线的重要地域"的命令,下达"一号作战"纲要。

1944 年 4 月,日本中国派遣军集结强大兵力率先对豫中发起进攻,豫湘桂战役爆发。此时,由于绝大多数的中国精锐部队西调云南,正准备反攻滇西、缅北,因此正面战场东线的中国军队没能抵挡住日军的强劲攻势,节节败退。日军势如破竹,向南疾进。5 月下旬,日军动用 8 个师团的兵力发动

图 3-4　驻守在衡阳的美国"飞虎队"听到警报后紧急登机迎战

长衡会战。6 月 18 日,日军攻陷长沙。在前几年,日军曾经 3 次进攻长沙,均在中国军队的抗击下撤退,中方取得过三次"长沙大捷",但这次日军得逞了。第九战区统帅部决定在衡阳与日军决战,衡阳因此成为远东战场的焦点,令世界瞩目。

图 3-5　战后在衡阳收集到的三千余具殉国将士遗骨

衡阳保卫战是抗战时期少有的中国军队以少敌多的战役,战况极其惨烈。中国的第十军不到 1.8 万人,而日军主力第十一军就超过 10 万人。由于兵力、武器弹药相差悬殊,守军先将 30 万衡阳居民疏散出城,然后将重兵集中在衡阳城南和西南部的丘陵地带,日夜抢筑精心设计的工事,把面朝敌进攻方向的丘陵山头削成无法攀登的直壁断崖。6 月 23—27 日,战斗在衡阳湘江东岸前哨、飞机场及东岸城区等地率先打响。27 日拂晓,日军以两个师团的兵力猛攻衡阳城南第十军阵地,几近白刃战,枪声哒哒,炮声隆隆,喊声、杀声、哀鸣声一片,声动九霄,音震百里,日夜无休无止。十余架日军飞机组成机群,日夜临空投弹。在猛攻 5 天 5 夜之后,7 月 2 日,日军无耻使用国际公约禁用的毒气炮弹。由于伤亡过大,从 7 月 4 日黄昏开始,日军由全面攻势改为数点进攻。此后,恶战时常上演,日军攻得越猛,第十军抵抗愈烈。第十军顽强抵抗,坚守孤城长达 47 天,死伤 1.6 万人,弹尽粮绝,最终被迫弃守衡阳城。8 月 8 日,衡阳陷落。长衡会战结束,中国军队战败。

1944 年 8 月下旬,日军乘胜追击,发动柳桂作战。第四战区的军队不少刚参加过长衡会战,实力受损严重,无暇集中休整,只能仓促连续应战,结果遭遇溃败。12 月初,日军一部突入贵州独山,陪都重庆震动,中国抗战形势岌岌可危。最终,日军如愿占领桂林、柳州机场,完成打通通往南太平洋陆上交通线的目标,便收束战线,战事随之结束。

豫湘桂作战中日军共动用 50 余万兵力,是其入侵中国以来所发动的规模最大的一次作战。中国军队在日军强攻下溃败,失地千里,暴露出指挥不当、军纪败坏、战力不强等诸多弱点。蒋介石在国民参政会上,公开承认自己对日军的战略判断错误,指挥失当,对溃败负主要责任。他还在日记中写道:豫湘桂作战溃败"为毕生惟一之愧悔,与无上之错,不得不特书,以明余之罪恶与愚拙"。独山失守后,若日军继续进攻,重庆则危在旦夕,美军参谋长魏德迈甚至建议蒋介石做再迁都的准备。在世界反法西斯战场捷报频传之际,中国战场却迎来了一场大溃败,损失惨重,国际声望暴跌。

日军"一号作战"时间长、区域广、投入兵力多,在占领了交通线之后,需要大量的兵力来守护,这在客观上分散了其兵力,战略上处于某种被动的境地。这一方面使日军不能轻易从中国战场脱身,减轻了亚太地区盟军作战的压力;另一方面日军从华北、华中抽调兵力参战,减轻了敌后战场的压力,为抗日根据地的恢复和1944年后的局部反攻创造了条件。

2. 敌后战场的艰苦作战

1940年8月,八路军在华北敌后战场发动"百团大战",使日军华北占领区内主要交通线全部陷于瘫痪。此役过后,日军开始意识到中共所领导的武装力量的巨大威胁,在华北把主要矛头对准敌后抗日根据地。太平洋战争爆发后,日军预测中共及其领导下的民众会利用时机,积极进行反攻。事实也的确如此,中共领导的八路军、新四军及其他武装力量在敌后抗日根据地积极开展游击战,打击日军。日本华北方面军为了确保华北境内的"治安"及奴化统治,继续压迫中国政府,掠夺战略资源,达到以战养战的目的,在占领区发动极为残酷的"治安战",对中共各大抗日根据地大举进行"肃正"

作战。

日军将华北分为"治安区"（日伪占领地区）、"准治安区"（游击区）和"非治安区"（抗日根据地）三类地区。日军在"治安区"以"清乡"政策为主，肃清中共在该地区的根基和影响，扶植傀儡政权；对"准治安区"实施"蚕食政策"，强制居民迁到"治安区"，制造无人区，使八路军在该区无法活动；在"非治安区"则以极其野蛮的"扫荡"为主，惨绝人寰地实施"烧光""杀光""抢光"的"三光"政策。

1941年底，日军分别发动第二次鲁南"剿共"作战、山西"肃正"作战、渤海道地区的"肃正"作战及鄂尔多斯作战等一系列"强化治安"作战。1942年，日本华北方面军在华北全区发起更大规模的"治安战"，其作战范围包括山西、山东、河北、河南等地。据日本方面的统计，华北方面军出兵作战的次数，仅1月份就达1682次，每日约有五六次战斗。

1942年夏秋之际，日本在华北的"治安战"达到高潮，分别在冀中、冀南、冀东、晋冀豫边区、鲁东、鲁中以及蒙疆地区发动作战。5月1日，日本华北方面军司令官冈村宁次亲自率领3个师团和2个旅团以及日伪军共十万人对冀中平原发起极为残酷的"大扫荡"。地处平汉、北宁、津浦、石德四条铁路网之间的冀中平原，交通发达，河流纵横，物产富饶，是华北八路军的后勤补给要地。在八路军的组织领导下，冀中平原抗日武装迅猛发展，逐渐成为日军的心腹大患。日军为了占领这块战略要地，费尽心思，花费了一年的准备时间。日军采用"拉网合围"的战术，由平汉、北宁、津浦及石德四条铁路线对冀中地区六百万军民进行合围，每占领一地，便修筑据点和公路。

冀中八路军主力部队,充分组织发动民众,军民一心,凭借准确的情报,有针对性地制定作战计划,成功跳脱日军的包围圈,绕至敌后铁路、公路及城市附近,对日军实施突然袭击,打乱日军的既定部署。当日军实施全面进攻时,冀中八路军主力部队向冀西、白洋淀、冀南等外围地区转移,仅留下部分兵力与地方游击队、民兵相结合,采用三击(迎击、侧击和尾击)和三速(速战、速决、速撤)的战术与敌周旋,击溃了大量的日军。

图 3-6　吕正操和百姓亲切交流

在反"扫荡"的过程中,冀中平原军民在地表无险可守、无处藏身的情形下,因地制宜,巧妙地利用地道,与敌周旋,创造了地道战术。地道最初是冀中民众用于藏身的地洞,渐渐发展成为户户相通,村村相连,房上、地面、地下"三通"的"立体"地道网;地道内设有生活、防毒、防水、防火、通风和作战等设备,住上几天都没问题,不仅具有隐蔽功能,甚至还有作战功能。在抗战结束以前,冀中平原的地道堪称一座"地下长城"。日本人称,冀中是两个冀中,地面上一个冀中,地下一个冀中。地道战是抗战时期中国军民勇气和智慧的体现。在敌后战场,中共领导下的军民还采用了游击战、地雷战、麻雀战、消耗战等战术与日伪军周旋。

日本华北方面军对冀中平原发动的"五一扫荡",整整持续了两个月时间,冀中抗日根据地遭到严重破坏。日军占领冀中平原后,残忍地实施烧光、杀光、抢光的"三光"政策,抓捕杀戮了几万民众,制造了冀中平原"无村不戴孝,处处是狼烟"的悲惨景象;在六万平方公里的平原地区修建了一万里的公路和1500个碉堡,制造了"抬头见岗楼,迈步登公路"的恐怖场景。1942年下半年,日军在南太平洋战场受挫,局势越发不利,华北"治安战"才渐趋式微。

图3-7　山东海阳民兵在村庄的公路上埋地雷

中共领导华北军民进行极为艰苦的敌后抗战,但在日军的残暴打击下,损失也不小,处境极其艰难。1942 年,中共华北敌后抗日根据地的人口、面积以及八路军的力量均大幅缩减。中共中央北方局要求各级党组织紧密联系民众,巩固敌后抗日根据地,坚持游击战,克服重重困难,积蓄力量,为反攻及战后做准备。

在华中与华东地区的抗日军民也展开了反"清乡"斗争。从 1941 年起,日伪对华中、华东的抗日根据地开始大规模的武装"清乡",企图彻底摧毁活动在这一区域的抗日军民的生存条件。日伪计划用 6 个月时间在"清乡"区内彻底消灭新四军领导的抗日力量,全面实施伪化统治。日军第十三集团军负责"清乡",成立"清乡"指挥所及"清乡"特务机关,直接指挥日伪的"清乡"活动。汪精卫伪政权竭力配合日军,专门成立了"清乡委员会",汪精卫自任委员长。在具体实施过程中,日军采取梳篦拉网战术进行"清乡",在"治安区"建立"保安队""警备队""治安军"等伪军和各级伪政权,同时强化保甲制度,清查户口,发"良民证",以此来加强殖民统治。

中共华中局明确提出反"清乡"斗争的总方针,必须坚持原地斗争。新四军根据形势的发展和从各方面得到的情报,确定了"以公开武装斗争为主,达到坚持原地斗争目的"的方针,并向全区军民发布了反"清乡"的紧急动员令。新四军利用南方三年游击战争的丰富经验,运用多种方式进行反"清乡"斗争:主力部队撤至"清乡"区外围,伺机抓住敌伪军的弱点,机动地给予打击,在封锁线上打开缺口,突入"清乡"区内,攻克据点后迅速撤出;在"清乡"区组织武工队,同地方武装、民兵一起作战,形成不同层次、不同形式的波澜壮阔的人民游击战争。1941 年 3—9 月,华中军民共歼灭日伪军 2400余人,摧毁日军据点 49 处,碉堡 200 余座,粉碎了日伪军的军事和政治"清乡",顽强地坚守住了原有的抗日阵地。

对于敌后抗日军民的顽强抵抗与旺盛的生命力,日军不得不慨叹"对付共军犹如割除根深蒂固的杂草,费尽力气毫无成效,真是无能为力"。鉴于敌后战场抗日根据地作战再度活跃,日本华北方面军基干兵团抽调转用于其他战场,战力下降,不得不转变对付中共的策略,从一味的军事"扫荡",改为实施"总体战",在军事、政治、经济、思想等层面,与中共开展全方位的较量。

1943 年 3 月,日本华北方面军召开会议,下达了《1943年度华北方面军作战警备纲要》,明确指出要将"作战警备"的重点指向中共,与伪政权、伪军相配合,消灭中共武装力量。随后,日军实施冀西春季作战、冀西秋季作战、冀东秋季作战和太行山区及鲁西、鲁南的"剿共"作战,企图确保"占领区"的安定。

然而,日本华北方面军所发动的作战并没有取得多大的成效,中共在华北的活动依旧活跃。鉴于此,日本华北方面军专门设立了"剿共委员会",寄希望于 1943 年下半年继续发动"治安战",彻底摧毁抗日根据地与中共的党政组织,尤其是破坏抗日根据地内的弹药、被服、粮秣、工厂、银行、行政机关等各种设施,抢夺物资,希图造成中共的战略物资枯竭。

于是,日军又相继发动冀西、晋西北、太岳地区、冀东及鲁中"治安战"。但中共在华北充分调动民众的力量,实施民兵、游击队、正规军三位一体的战略,开展灵活多变的游击战,使得日军的"治安战"始终难以奏效。日军军官后来回忆称:"当时的治安肃正作战因情报不确实,对中共地区的实际情况完全不能掌握,从而使讨伐徒劳无功,几乎是毫无成效的。"

1944 年 4 月,日军发动豫湘桂战役,从华北抽调大量兵力,只能由伪军接替华北占领区的防务。尽管日伪军仍不时发动大规模的"扫荡"作战,但已是强弩之末,不足以对敌后抗日根据地产生实质性的威胁。从 1944 年春季开始,太行、冀鲁豫、冀南、太岳、晋察冀、山东、晋绥等地区的中共武装力量开始全面发起反击作战,攻克据点,歼灭大量日伪军,建立新的抗日政权,收复大片国土。据统计,1944 年,晋绥军区共收复 3100 多个村庄,人口 40 余万;晋察冀边区攻克碉堡 1677 个,收复 9917 个村庄,人口 758 万;晋冀鲁豫军区收复县城 11 座,国土 6 万多平方公里,拥有人口 500 多万;山东军区攻克县城 9 座,收复国土 4 万平方公里,拥有人口 930 万。

在日军击退国民党军队进占河南以后,八路军跟进开辟了河南抗日根据地。1944 年 11 月,中共还派出第一二〇师第三五九旅组成南下支队,分批南下湘赣粤各省,开展武装斗争。新四军也在局部地区发起反攻。1944 年底,华南抗日根据地人口达 300 万,游击武装力量达数万人。进入 1945 年以后,日军已成强弩之末,自身难保,相继从各占领区撤退,集中防备美军登陆作战、北面的苏联军队以及保卫日本本土。在这种情况下，中共抗日武装收复了华北绝大多数国土。

在广东省内，中国共产党领导的抗日武装建立了主要包括东江抗日根据地与琼崖抗日根据地在内的华南抗日根据地，这是中国共产党领导的三大敌后抗日根据地之一。

1938年10月，日军侵占广州后，当地党组织立即在东江地区建立抗日武装，开展敌后游击战争。抗日武装合并改编为广东人民抗日游击总队，在东莞县和宝山县内山区建立抗日根据地。至1943年秋，抗日根据地的范围扩大至东莞、宝山、惠阳三县的大部分地区。广东人民抗日游击总队后扩编为广东人民抗日游击队东江纵队，又开辟了以博罗县罗浮山为中心的江北抗日根据地，东江两岸的抗日根据地连成一片，建立了5个县级民主政权。

1939年初，日军侵入海南岛。中共琼崖特委领导的琼崖红军游击队改编为抗日武装，奋起抗战。至1943年初，建立了琼崖东北区抗日民主政府。1944年秋，广东省琼崖抗日游击队独立总队改编为广东省琼崖抗日游击队独立纵队，挺进五指山区，于1945年7月又创建了白沙抗日根据地，建立了包括文昌等5个县在内的抗日民主政权。琼崖抗日根据地面积约占海南岛全岛的一半。

华南抗日根据地军民长期在艰苦的环境下，坚持敌后游击战争，扩大抗日武装，粉碎了日伪军多次的"扫荡"，给侵略者以沉重打击，使华南抗日根据地成为具有重要战略地位的敌后抗日主要战场之一。抗日战争胜利时，华南抗日根据地和游击区拥有的面积约4万平方公里，人口约600万，正规武装力量近 3 万人,民兵发展到 5 万余人。

中共在日军占领区领导军民进行艰苦卓绝的敌后抗战,茁壮成长,在短短八年内,主力军和地方军由 11 余万人发展至将近 120 多万,民兵达 268 万余人,抗日根据地的人口由不到 100 万扩大至将近 1 亿,活动区域由陕北一隅,扩展至平汉铁路以东的华北大部、华东一部和华南小部。

三、中国军队扬威域外

戴安澜(1904—1942),自号海鸥,安徽无为人,1926年毕业于黄埔军校第三期。抗日烽火熊熊燃起后,戴安澜先后参加古北口战役、鲁南会战、台儿庄战役、昆仑关战役,屡屡在战场上与日军浴血搏杀,战功赫赫,年仅 35岁便升任第五军第二○○师师长。1942 年 2 月,戴安澜师作为先头部队入缅作战,誓言要扬威域外。入缅后,第二○○师先后担当固守同古、解救围困英军、收复棠吉的重任,面对兵力占优的日军,置生死于度外,出色完成任务。

然而,由于美、英、中三方合作矛盾重重,第二○○师的英勇作战并未挽回缅甸战场的颓势。日军占领缅北腊戌、密支那后,切断了第五军回国的退路,担任后卫的第二○○师与主力部队失去联络,只能退往印缅边境的原始森林——野人山。5 月 16 日,第二○○师在郎科遭遇日军重兵伏击,经过两个昼夜的鏖战,才突围成功。戴安澜不幸被流弹击中,殒命疆场。

蒋介石为扬威域外的戴安澜将军写下挽词："虎头食肉负雄姿,看万里长征,与敌周旋欣不忝;马革裹尸酬壮志,惜大勋未集,虚予期望痛何如?"毛泽东也挥毫写下《五律·海鸥将军千古》,悼念戴安澜:"外侮需人御,将军赋采薇。师称机械化,勇夺虎罴威。浴血东瓜守,驱倭棠吉归。沙场竟殒命,壮志也无违。"

1. 配合盟军入缅作战

1942 年初,日军在南太平洋迅速取得进展后,由泰国边境向缅甸东南部发起进攻,企图切断当时中国接受美英等国战略物资的唯一通道——滇缅路,封锁中国西南边境,进一步迫使中国政府屈服,并趁机鼓动缅甸人民"独立",消灭在缅英军,扩大其在东南亚的势力范围。

1940 年 10 月英国重新开放滇缅路后,中国政府便一直试图与英国协商共同防守缅甸,没有得到英方的回应。日军向缅甸发起进攻后,中国政府再次向英方提议,由中国派遣两个军入缅作战,仍旧遭到拒绝。尽管如此,蒋介石仍秘密命令两个军在云南保山集结待命,并要求已经抵达缅甸境内的中国军队接受英军将领的指挥。

1942 年 1 月底,日军攻占毛淡棉以后,战事逐步向西推进。缅甸首都仰光危急,英军阵脚大乱,方才允许中国军队大批入缅作战。随即,中国政府将最精锐的第五军、第六军和总预备队第六十六军编组成远征军,共约 10 万人,增援缅甸。然而,正当第五军第二〇〇师疾速驰援仰光时,英军却在未通知中国方面的情况下,不战而逃,于 3 月 8 日放弃仰光。

　　仰光失守,滇缅路入海口被日军占领,中国丧失了接受英、美盟国援助的重要交通线。从战略上讲,中国军队已失去防守缅甸全境的必要,固守缅甸北部,防止日军入侵中国西南边境,为仅存的战略价值。不过,中国政府为了同盟国的整体利益,没有从缅甸战场撤回远征军,而是选择与英军一道并肩作战。但蒋介石对英军失去信心,把远征军的指挥权转交给中国战区参谋长美国陆军中将史迪威。

　　日军占领仰光后,沿滇缅路继续向北进攻。1942年3月中旬,戴安澜率领第二〇〇师疾速南下驰援,与北上进犯的日军在同古遭遇,一场激战就此展开。同古是位于仰光和曼德勒之间的一座大城市,战略位置非常重要。蒋介石给戴安澜的命令是,死守同古,掩护第五军大部集中,即行反攻仰光。

图3-8　戴安澜将军

　　3月18日凌晨,200多名日军进入了皮尤河南岸12公里处的假设阵地,被埋伏在这里的中国军队逮个正着。刹那间,机关枪、步枪、手榴弹齐齐朝着不明状况的日军猛烈开火,硝烟弥漫,火光四起,冲破灰蒙蒙的夜空。混战三个多小时以后,日军丢盔弃甲,狼狈向南逃窜。这是太平洋战争爆发以来,日军在南洋战场第一次吃到苦头。

从 19 日开始,第二〇〇师在皮尤河畔的警戒阵地和鄂克春、坦塔宾前进阵地与日军展开激烈的拉锯战。24 日上午,日军在正面猛攻未得逞的情况下,从铁路以西迂回同古以北地区,进攻同古机场,企图包围第二〇〇师。24 日晚 9 时,戴安澜率领指挥部从城北撤到城内,召集紧急会议,决定由副师长高吉人率领一部渡过锡塘河,将指挥部设在河东岸,放弃鄂克春、坦塔宾,亲自坐镇指挥三个步兵团,坚守同古城。

25 日拂晓,日军飞机、大炮轮番轰炸同古。上午 8 时,日军步兵从西、南、北三面向同古发起猛攻,遭到第二〇〇师的顽强抵抗。日军新增部队由同古旧城西北角向第六〇〇团阵地发起进攻,企图切断第二〇〇师城内部队与河东指挥部的联络。第五九八团第二营增援赶到,与冲入城内的日军逐屋争夺,双方相距仅二三十米,展开拉锯战。

26 日,日军继续从三面进攻同古,第六〇〇团阵地再次被突破。第二〇〇师退守同古铁路以东,继续抵抗。双方仅隔一条铁路对峙,相距不到 100 米,犬牙交错。日军先是利用飞机、大炮轰炸,随后指挥步兵向中国军队冲锋,第二〇〇师则以机枪、手榴弹予以猛烈还击,日军不得不退回去。在一日之内,这样的战斗往返多次,双方都有很大的伤亡。

同古相持不下,中日双方都增派救兵驰援。远征军新二十二师迅速向叶达西输送,日军第五十六师团从仰光登陆后火速北上。28 日,担任阻击任务的日军在同古北面与第二十二师主力发生激战。日军对同古猛攻不下,施放糜烂性毒气弹。第二〇〇师伤亡虽重,但仍顽强抵挡住了日军的进

攻。在同古东南部的日军骑兵,迂回渡过锡塘河,进攻第二
〇〇师指挥部,与守卫的中国军队展开激烈的肉搏混战。29
日拂晓,第二〇〇师同古城内部队与指挥部联络中断。由于
第五军主力迟迟没能集结,第二〇〇师的处境相当危险。第
五军军长杜聿明乃下令第二〇〇师突围撤出同古,同古会战
计划遭受严重挫折。

　　日军占领同古以后,为减少北上侧面的威胁,沿铁路线
向西北方向展开进攻,并于 4 月 16 日在仁安羌一带包围英
军。远征军新编第三十八师驰援,激战两日,击溃日军,成功
救出被围困英军 7000 余人,及被俘英军官兵、传教士、新闻
记者 500 余人,夺回被日军劫获的英军辎重 100 多车。仁安
羌之围虽然被解除,但英军认为缅甸作战取胜无望,便私自
放弃中英共同防御计划,陆续向印度境内撤退。由于侧面的
牵制完全消除,日军大胆向北进犯,中国远征军陷入孤军作
战的境地。

图 3-9　中国远征军渡河作战

1942年4月下旬，缅甸战事转移至平蛮以北，中国远征军奋勇抵抗，阻敌北上。日军正面未得逞，乃由一部从泰国向缅北战略要地腊戍抄袭。28日，日军攻占腊戍，滇缅路被切断，远征军阵脚大乱，未能组织有效的抵抗。5月初，瓦城、畹町、密支那等中缅边境重镇相继失陷，远征军向云南撤退的通道被日军截断，各部只能分别撤退，开启漫长险恶的悲壮之旅。部分官兵退往人烟稀少的印缅边境热带原始森林，遭遇饥饿、毒蛇猛兽、伤风疟疾等侵害，生还者所剩无几。中国远征军共10万人入缅作战，仅有4万人左右撤回国内。另有一部撤退至印度，接受整训，后编为中国驻印军。5月中旬，英军完全退回印度，第一次缅甸战役结束。部分日军侵入中国云南境内，与中国守军对峙于怒江一线。

中国远征军入缅作战，是中国军队与同盟国军队首次联合对日作战，尽管未能挽救缅甸防御的颓势，但远征军奋勇抗敌，给予日军沉重打击，对英军施以巨大的支援，使其能成功地撤往印度，为防御印度赢得了宝贵的时间。同时，远征军还成功地牵制了日军向其他地区用兵，有力地配合了盟军在南太平洋的作战，在世界反法西斯战争史上写下了悲壮的一页。

第一次缅甸战役结束后，中国便一直积极策划、部署反攻缅甸。中、美、英三国原定于1943年春季反攻缅甸，由于美、英抱定"先欧后亚"的战略，作战计划一再变更，迟迟无法实施。

2. 中国战场对日军的束缚

中国战场就像一块巨大的吸铁磁，牢牢地吸住了日本陆军主力，使得日军在西南太平洋战场缩手缩脚，接连遭遇失利，态势渐趋恶化。

太平洋战争爆发前后,狂妄的日军曾将澳洲、印度等地纳入其外围作战和防御范围。1942 年春,为防止美军以澳洲为基地发动反攻,日本海军提出进攻澳大利亚的作战设想,但陆军坚决不同意再从中国战场抽调大量兵力,最终未能成为事实。2 月,日本陆军制定了印度作战计划。4 月上旬,日本海军曾在印度洋英国军事基地锡兰岛科伦坡,击败了英国东方舰队,大有控制印度洋之势。不过,日本陆军主力深陷中国战场,无法配合海军在西南太平洋的进展,最终日本海军不得不主动退出印度洋。日本军部上层,有不少人主张在中国战场积极使用武力,尽快解决中国问题,以便将兵力投入其他战场。但是,中国军民的抗战韧劲,使中国战场成为日军无法脱身的泥淖。

图 3-10　日军与美军在珊瑚岛进行空前激烈的空海大战

　　1942 年 5—6 月间，日军在珊瑚海海战、中途岛海战中连续受挫，在南太平洋的攻势处于停滞状态。鉴于德、意两国在北非战场有所进展，英军丧失地中海的制海权和制空权，日本便希望与德、意合作，迫使英国屈服，决定将作战重点从太平洋转向印度洋。但不久，日本认为仅以 2 个师团的兵力进攻加尔各答远远不够，又变更作战方向，反而对进攻重庆表现出极大的兴趣。7 月，日军参谋本部起草了《五十一号作战（四川作战）准备纲要》，交付陆海军部展开研究。8 月，美军突袭瓜达尔卡纳尔岛，奏响反攻的号角。日本海军再次要求将重点放在印度洋，参谋本部也不得不重新考虑在这种形势下还能否进行四川作战。参谋本部在上奏天皇的文件中指出，1943 年陆军作战在条件允许的情况下，仍以"对华积极作战"作为指导战争的最大目标。陆军部还主张在太平洋战场上采取守势，印度洋战场视德、意在西亚的进展情况再定，仍寄希望于四川作战。

　　1942 年 9 月上旬，日军在瓜岛战役中处于极端被动的态势，大本营被迫下令从中国战场抽调兵力，支援瓜岛作战。中国派遣军总司令官畑俊六在日记中记道，尚需进一步观察国际形势发展，方能决定是否在 10 月下旬进攻重庆。10 月下旬，日军在瓜岛的战况持续恶化，而北非埃及的阿拉曼与苏联斯大林格勒的战况也出现了对德军不利的形势，日军对印度洋及四川的进攻计划渐趋暗淡。10 月底，日本大本营决定，鉴于当前的战争局势，将作战重点置于南太平洋方面。12 月 10 日，日军参谋本部向中国派遣军下达了停止准备四川作战的命令，在判明南太平洋战场形势以前，其他进攻性作战也应暂停。12月17日，日本中国派遣军召开各方面军及军司令官会议，正式下达中止四川作战准备工作的命令。1943年2月，德、意在北非战场失败，日军与德、意会师中东的梦想破灭，彻底放弃进攻印度的西进战略。

　　1943年初，日本陆军总兵力共有240万，其中中国战场有66万人，太平洋战场为48万人。日本陆军主力不得不留在中国战场，为美军在太平洋战场上的反攻创造了有利条件。自瓜岛决战后，美军在南太平洋实施逐岛进攻，日军不断败退。1944年初，美军突破马绍尔群岛防线。6—7月间，美军在塞班岛、关岛、提尼安岛相继登陆，日军守岛部队负隅顽抗，仍无济于事。在欧洲战场，英、美盟军在法国北部诺曼底登陆，德军东西两面受困，开始不断溃退，轴心国处于崩溃的边缘。日本国内发生政变，小矶内阁成立，企图殊死一搏，妄想斡旋苏德和解，与中国政府展开和平谈判，结果均遭到失败。

　　1945年1月，美军在菲律宾吕宋岛登陆，并进攻越南。日军围绕中国东海沿岸地区、岛屿以及日本本土的防卫形势岌岌可危，大本营要求中国派遣军终止西安作战、四川作战的准备，以防卫长江下游地区为重点，西线作战只可在小范围内实施。日本中国派遣军不得不收缩战线，只发布了摧毁中美联合空军前进基地——老河口、芷江作战的命令。

　　1945年4月，美军在冲绳岛登陆作战。4月，苏联宣告废除日苏中立条约，并疾速向东面增兵。5月8日，德国向盟军投降，欧战结束。日军败局已定，逐步在中国战场收缩兵力，集中对付美军及防卫日本本土。

在太平洋战争期间,中国战场牢牢地捆绑住绝大多数日本陆军和部分日本海、空军,有力地牵制了日军在西南太平洋的战斗,极大地配合了美、英、苏等盟军在各条战线的作战,做出了不可磨灭的贡献。由于日本陆军主力深陷中国战场,始终无法解决中国问题,无力配合海军在西南太平洋的进展。1942年6月,日军向西进占缅甸全境,向南进占珊瑚岛、中途岛,已达其最大极限。在印度洋上,日军仅于1942年4月进攻英国在锡兰岛科伦坡的军事基地和1944年3月对印度英帕尔发动过进攻。野心勃勃的日军从未染指澳洲。

对于中国在世界反法西斯战场上的作用,各盟国领袖都有很高的评价。美国总统罗斯福说:"假如没有中国,假如中国被打垮了,你想一想有多少师团的日本兵可以因此调到其他方面来作战? 他们马上可以打下澳洲,打下印度——他们可以毫不费力地把这些地方打下来,他们可以一直冲向中东。"英国首相丘吉尔说:"如果日本进取印度洋,必然会导致我方在中东的全部阵地崩溃,而能防止上述局势出现的只有中国。"苏联最高领导人斯大林说:"只有当日本侵略者的手脚被(中国)捆住的时候,我们才能在德国侵略者一旦进攻我国的时候避免两线作战。"

美、英盟军因中国战场拖住日军主力,才能从容地实施"先欧后亚"的政策,在欧洲、北非战场上与德、意作战,并取得胜利。苏联军队因中国军队拖住日军,避免东西两线作战,直到日本投降前一刻才加入东方战场。中国战场还为盟军对日作战提供了空军基地,美军也曾经有过在中国沿海登陆进攻日本本土的战略计划。在两次缅甸战役中,中国军队都发挥了主力作用,牺牲了 13 万官兵。中国战场是世界反法西斯战争名副其实的东方主战场。

四、敌后抗日根据地的建设

1940 年初,陕甘宁边区延安县中区五乡突击征粮,采用民选的方式组织征粮委员会。经过民主选举,委员会由 27 人充任,其中共产党员 9 人,非党人士 18 人。由于充分调动了非党人士的积极性,征粮任务提前超额完成。毛泽东得知这一经验后,非常高兴,在陕甘宁边区政府呈送的文件上作批示:"共产党员只有与多数非党人员在一起,真正实现民主的'三三制',才能使革命工作做好。"3 月,毛泽东为中共中央起草关于抗日根据地政权问题时明确提出:"根据抗日民族统一战线政权的原则,在人员分配上,应规定为共产党员占三分之一,非党的左派进步分子占三分之一,不左不右的中间派占三分之一。"

1941 年春夏,陕甘宁边区基层民主选举如火如荼展开,调动了各方的积极性。米脂县的开明士绅李鼎铭——老百姓眼中的好人,当选为陕甘宁边区政府副主席。李鼎铭家境殷实,做了很多帮扶穷人的善举,对基层民生状况非常了解。他建议裁减陕甘宁边区的军队和官员,减轻边区老百姓的负担。这一提议是"精兵简政"政策的源头。毛泽东称,李鼎铭的提议好,对人民有好处,我们采纳。

　　"三三制"和"精兵简政",是中国共产党开展敌后抗日根据地建设的两项重要政策,意义重大。

1. "三三制"与"精兵减政"

　　太平洋战争爆发后,中国抗日战争的局势发生了巨大的变化。中共中央研判,日军很有可能调动部分华中、华南的军队投入太平洋战场,对华军队的人员和物质补充将减弱,增兵华北的可能性暂时消除,日军士兵必定会因前途渺茫士气低落,伪军伪政权将更加恐慌,而中国军民抗战胜利的信心则将增长。1941年12月17日,中共中央发布敌后抗日根据地工作的指示,总方针仍旧是长期坚持游击战争,准备将来的反攻;除进行必要的游击战争外,应利用时间,休养兵力,恢复元气。该指示明确指出:"敌后抗战能否长期坚持的最重要条件,就是这些根据地居民是否能养活我们,能维持居民的抗日积极性。"

　　在新形势下,日军也改变了打击中共敌后战场的策略,结合军事、政治、经济、文化,多管齐下,把"扫荡"和强化治安运动、清乡运动配合起来。敌后抗日根据地处于连续不断的战争环境中,军民所面临的困难日益增加。《解放日报》发表社论称:"前一阶段的任务是扩大抗日根据地,现在的任务则在于巩固这些根据地,发挥革命的顽强性,克服一切困难,把每一区每一地的战斗坚持下去。"毛泽东指示道,1942年的中心任务"在于积蓄力量,恢复元气,巩固内部,巩固党政军民"。其中,党政军民的团结是巩固敌后抗日根据地最重要的一环,如果没有这种团结,一切无从谈起。

　　政权是一切革命的根本问题,政权建设是敌后抗日根据地的首要问题。早在太平洋战争爆发前,中国共产党领导的八路军、新四军和地方武装,先后在华北、华中和华南创建了抗日根据地,建立了抗日民主政权。不过,由于缺乏经验和环境的制约等,很多抗日民主政权仅是过渡性质的统一战线政权,有许多不完善之处。

　　民主和行政效能是衡量抗日民主政权建设的两大标准。"三三制"是中国共产党关于抗日民族统一战线政权组织成分的方针。政权经过民主选举产生,凡满 18 岁赞成抗日和民主的中国公民,不分阶级、民族、性别、信仰、党派和文化程度,均有选举权和被选举权。除了陕甘宁边区,其他有条件的敌后抗日根据地基本上都是以"三三制"组织建设抗日民主政权。根据晋察冀边区冀中区定南、深泽、安平、饶阳、博野、清苑、蠡县七个县的统计,1941 年参加选举的各阶层公民占其阶层的百分比为:村级选举中,工人占 93.1%,贫农占 85.5%,中农占 80%,富农占 84%,地主占 91%,商人占 57%,妇女占 83%,青年占 91%;区级选举中,工人占 94%,贫农占 86%,中农占 71%,富农占 72%,地主占 85%,商人占 50%,妇女占 81%,青年占 92%。从上述统计可以看出,工人、贫农参加选举的积极性很高,非常关心政权,不愿使政权落入封建地主手中。地主也非常积极参加选举。

　　各级抗日民主政权的组织结构,在战争环境下很难做到统一。通常情况下,边区政权的最高权力机关是边区参议会,由普选产生。在参议会休会期间,设有驻会常务议员,处理日常事务,实际是参议会的主席团。边区行政委员会(即

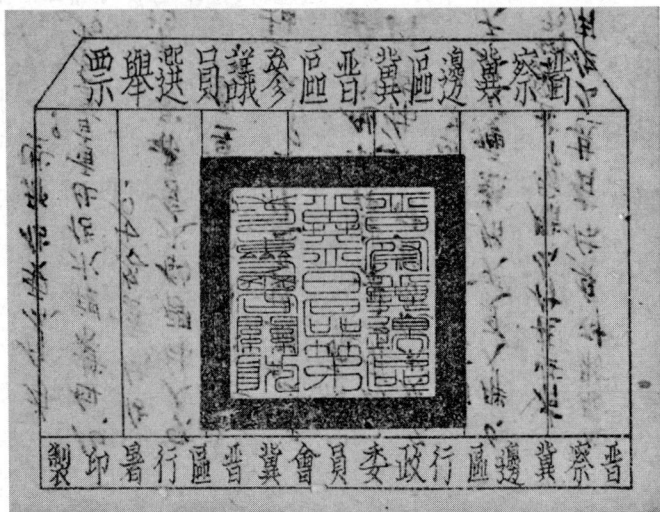

图 3-11　晋察冀边区冀晋区参议员选举票

边区政府)是边区的最高行政机关,由边区参议会选举及罢免,对边区参议会的决议有服从的义务。县级设县议会,县长由县议会选举及罢免,县议会和县长的关系相当于边区参议会与边区行政委员会的关系。如果县级尚未设立行政委员会,便由县长与科长形成政务会议处理行政事务,县议会亦设驻会常务议员。各级民意机关不但有选举、罢免政府行政人员的权力,而且还有创制、复决权,是行政机关的"上司",以保障人民的民主权利。

在各级抗日民主政权的组织和建设过程中,"三三制"虽不可能普遍严格实施,但大体上实现是可能的。一般来说,实现"三三制"要进行艰苦的工作,党的组织必须有相当普遍的发展,每个村必须有支部和相当数量的党员;必须使基本群众动员起来,有相当的组织和政治觉悟,并有自己的领导;基本群众的优势确定及工农生活适当改善后,还需适当调整阶级关系。"三三制"使党在普选中有明确的方向,可以预防并纠正党员在政权方面排斥非党干部的关门主义倾向,便于争取非党人士展开通力合作。"三三制"在晋察冀边区执行后,收效极大,许多持反对意见的地主转变了态度,说"这才有我们的世界了,我们才有活头了"。实践证明,"三三制"是巩固敌后抗日根据地政权及巩固党政军民的有力武器。

由于长期面临敌人的军事打击和经济封锁,敌后抗日根据地的民力财富一般来说遭受了较大的削弱。为了长期坚持游击战争,准备将来的反攻,"精兵简政"、节省民力,是各敌后抗日根据地的迫切任务。除此之外,各级抗日民主政权确实还存在不够灵活、不够健全的缺点,例如机关庞大,人数过多,干部的质量较差;工作制度没有完全正规化,多少存在"老一套"的游击作风。为了健全行政机构、提高行政效能,确有实行简政的必要。太平洋战争爆发前后,集中大的力量对敌进行大规模运动作战的可能性减少了,而游击战的作用则大大提高了。加之人力物力的限制,正规(主力)军也有采取适当的"精兵主义"、提高政治军事技术的质量、缩编与充实编制的必要。

1941年11月,中共中央发布了抗日根据地军事建设的指示:山地根据地内,主力军与地方军(不含人民武装)在数量上的比较,一般应以二比一为原则;在平原根据地内,则以一比一为原则;在某些最困难的区域(如冀东、大青山、苏南),应当打消主力军与地方军的区别,全部武装地方化;至于人民武装（不脱离生产的自卫军），应当包括人民的最大多数，其骨干（即民兵、模范自卫队及青年抗日先锋队或青年自卫队）的数量应超过地方军与主力军之和；每个根据地脱离生产者全部数目（包括党、政、军、民、学），只能占其统治区总人口3％左右。12月，中共中央再次发布指示称，政权、党、民众团体脱离生产的人数应缩减，务求全部脱离生产人数不超过，甚至少于居民3％。中央强调精兵减政，减轻民众负担的重要性，"假若老百姓因为负担过重而消极而与我们脱离，那么不管我们其他政策怎样正确，也无济于事"。

各敌后抗日根据地或者不同的部门，实施精兵简政所采用的原则与方法各不相同。总体而言，正规军、地方军和民兵等作战部队，以及军区后勤部、卫生部、野战医院、卫生学校、战斗剧社等非作战部门都实施了精兵；各大抗日根据地则主要采取全面紧缩、局部调整、重点加强与有效安置的策略实施简政。精兵简政过程中，秉持两个"不妨害"原则，即决不要妨害到战争，决不能妨害到工作。

精兵简政的普遍实施，不仅减轻了民众的负担、惩治贪污浪费，还加强了正规军、地方武装和民兵、自卫队三级武装体系的建设，进一步充实加强了基层抗日民主政权，使其朝着制度化、正规化的方向发展，并为培训干部、积蓄力量提供了条件。

除了加强抗日民主政权和军队的建设，各抗日根据地还深入地发动和组织基本群众，普遍切实地改善群众生活，建立真正广大的群众基础。这是巩固敌后抗日根据地最基本的条件，是坚持敌后游击战争与聚集力量的源泉。改善民生的减租减息政策在其中起到了枢纽作用。1942年1月,中共中央发布《关于抗日根据地土地政策的决定》,指出减租减息政策在各抗日根据地实施以来,获得了广大群众的拥护,团结了各阶层的人民,支持了敌后的抗战。凡在比较普遍认真彻底实行减租减息的地方,当地群众参与抗日斗争与民主建设的积极性就比较高,根据地就比较巩固。

　　一般来说,较为稳固的敌后抗日根据地基本上都贯彻实施了减租减息政策,并起到了不错的成效。由于敌强我弱的态势较为明显,华南东江敌后抗日根据地迟至1944年才逐步实施减租减息政策,但效果立竿见影。在减租减息开展过程中,抗日民主政权还相应成立了农抗会,把民众组织起来。据不完全统计,1944年底减租减息开始实施时,抗日民主政权东宝行政督导处辖区的农抗会会员仅有7800余人,抗战结束前夕,该区农抗总会则是代表35万农民的群众组织了。农抗会等群众组织的建立,为抗日民主政权武装群众提供了坚实基础。东宝行政督导处负责人谭天度回忆称:"当群众已经组织起来之后,我们立即转入武装群众的工作。在各区、乡建立民兵组织:村有民兵小队,乡有民兵中队,区有民兵大队,全区民兵七千余人,形成一个全区性的民兵网。"减租减息政策在组织动员和武装民众中所起的作用可见一斑。

　　1943年11月,中共中央发布指示称,党在各抗日根据地所实行的各项政策中,最为紧要的共有十项:第一、对敌斗争;第二、精兵简政;第三、统一领导;第四、拥政爱民;第五、发展生产;第六、整顿三风;第七、审查干部;第八、时事教育;第九、三三制;第十、减租减息。这十大政策是互相联系不可分割的,只要全党同志认真实行,就一定能够创造许多有利条件,达到克服困难迎接光明的目的,打倒日本帝国主义,建立自由平等的新中国！事实也是如此,各敌后抗日根据地在中共中央的领导下,普遍实施上述政策,抗日根据地的建设日臻完善,真正实现了党政军民一体。

2. 陕甘宁边区的大生产运动

长期的战争需要源源不断的物质经济支持。敌后抗日根据地分布在不同区域,遭遇敌人的分割和封锁,物质经济来源不易,主要依靠"自力更生"和仰给于民众,努力实现财政与粮食自给。由于敌我力量对比、区域社会经济结构、地理民情等方面的差异,各敌后抗日根据地实现物质经济自给的策略和方法有所不同。一般而言,除了维持民众的合理负担,各敌后抗日根据地往往因地制宜采取自力更生的办法克服物质经济困难。其中,最让人耳熟能详的莫过于抗日民主的模范根据地——陕甘宁边区的大生产运动。

抗战时期,陕甘宁边区是有几分神秘而又令人向往的红色圣地,吸引了一批对共产革命有热情和理想的爱国热血青年前来;在兵荒马乱的年代,大批邻近地区的难民蜂拥而至;再加上中共中央从各地调回的党政军人员,在短短几年之内,边区人口激增。到1941年,中共中央和边区政府的党政军人员达到7.3万人,占边区总人口的5%左右。然而,陕甘宁边区地广人稀,土地贫瘠,仅有140万的农业人口,工商业几乎没有。在1940—1942年间,边区又接连遭遇了水、旱、风、冰雹等自然灾害,共有51.5万人受灾,受灾面积达429万余亩,损失粮食47035石。

陕甘宁边区的东面遭遇日军的封锁。南京国民政府为了阻遏中共势力的发展,将对八路军和新四军的接济严格控制在原有的编制以内,对中共新发展的军队和游击部队概不负责。1941 年初皖南事变发生后,国共关系紧张,南京国民政府对边区实施军事和经济封锁。在多种因素的综合作用下,陕甘宁边区在 1941 年和 1942 年陷入了空前的经济困难。当时的困境,如毛泽东说,"我们曾经弄到几乎没有衣穿,没有油吃,没有纸,没有菜,战士没有鞋袜,工作人员在冬天没有被盖"。

在这种情形下,仅仅依靠向边区民众征收抗日公粮,远远无法满足边区几万名干部、战士和知识青年的生活需要。中共领导人较早便意识到经济问题的重要性,1939 年 2 月中共中央在延安召开党政军生产动员大会,随即成立了陕甘宁边区生产总委员会,动员党、政、军、学各界人员以及边区民众积极开展大生产运动。不过,在 1941 年以前,这种大生产运动主要以农业为主,目的在于解决一般生活需要。

进入 1941 年以后,边区的经济情况更加恶化。这一年,边区政府向民众实际征收了公粮 20 余万石(每石 300 斤),相较于前一年的 9 万石增加了一倍之多,平均每人负担 1 斗 4 升(合 42 斤),这是抗战爆发以来边区民众负担最重的一年。尽管如此,边区以小农经济为主体的供给,仍然无法满足党政军民的生活需要。1941 年 12 月,毛泽东在西北局高级干部会议上指出,"发展生产是一切工作的中心之中心"。这次会议及时调整了陕甘宁边区政府的工作重心,以经济建设为第一要务,确立了"发展经济,保障供给"的方针,并号召开展更大规模的大生产运动,发展工商业。此后,陕甘宁边区掀起了一波盛况空前的大生产热潮。

"南泥湾好地方,好地呀方,好地方来好风光;到处是庄稼,遍地是牛羊……陕北的好江南,鲜花开满山,开呀满山。"

图 3-12 八路军三五九旅在南泥湾开展大生产运动

1941 年春,八路军三五九旅的万余名官兵开进位于延安城东南 45 公里处的一座荒山野岭——南泥湾,他们放下枪支拿起锄头,披荆斩棘,开荒种地,养殖纺纱,自办工厂,艰苦程度不亚于战场上的浴血奋战。1942 年,该旅的生产自给率已经达到了 60%;1943 年,完全实现自给自足;1944 年,基本上达到"耕一余一"。全旅一共开垦荒地 26 万亩,收获粮食 3.7 万石,养猪 5624 头,上缴公粮 1 万石,还建起了不少小工厂。三五九旅奇迹般地在沟壑山川无数的黄土高原上创造了陕北"好江南",成为陕甘宁边区大生产运动的一面旗帜。

除了动员广大民众努力生产,中共中央、边区政府的党军政人员以及青年学生,几乎全体上山种地,场面十分壮观。毛泽东在杨家岭窑洞对面的河沟旁开垦了一块菜地,种上了辣椒、西红柿、土豆、白菜等,经常在菜地里锄草、施肥、浇水;八路军总司令朱德背上竹筐拾粪积肥;周恩来、任弼时等人刻苦学习纺线技术,被评为纺线能手。

此时的陕甘宁边区到处是一派欣欣向荣的场景。天刚刚破晓,成群结队的劳动者便荷锄扛镢上山垦荒;山坡上、沟道里,不时传来阵阵嘹亮的歌声和口号声,原来是垦荒者们唱响了《开荒歌》《生产大合唱》,喊起了加油的口号;从远处望去,山岗上到处都是挥舞着镢头、挥汗如雨的垦荒者,还有一面又一面鲜红的旗帜迎风招展。夜幕徐徐降临,热火朝天的边区方才渐渐平静下来,一孔孔窑洞点亮灯火,边区各机关部门又开始了夜晚的工作。"白天生产,夜晚工作",成为各机关单位的常态。

为了提高大生产运动的效率,陕甘宁边区政府还提倡组织军民互助,举办形式多样的劳动竞赛,军民一心、团结友爱、你追我赶的竞争场面交相辉映,例如,锄镐如林的垦荒竞赛、窑洞前开展的纺线比赛。边区政府积极传播、宣扬劳动英雄的事迹,激励劳动者们不断奋进。在这样的氛围下,垦荒记录不断地被刷新。七一九团的战士郝树才曾创下一天开垦荒地 4 亩 4 分的记录,被人称为"气死牛"。

边区军民的大生产运动,达到了十分显著的效果,顺利克服了经济困难,创造了辉煌的成绩。1944 年,边区粮食总产量上升到 180 万石,棉花总产量猛增至 300 多万斤。工业、交通运输业和商业也呈现出一派繁荣兴旺的景象。1944年,边区公营的小型工厂已有 130 多家,行业包括纺织、兵工、冶铁、被服、造纸、印刷、化工、石油、火柴、陶瓷等,解决了边区军民生产与日常生活的大部分需要。陕甘宁边区大生产运动还为后世留下了"自力更生、艰苦奋斗"和"自己动手、丰衣足食"的延安精神。

五、战时中国民众的艰难生活

抗日战争时期,有一条中国通往印度洋的生命之路,延续着整个国家民族的命脉,这就是数十万云南民众用血肉之躯铺垫而成的滇缅公路。抗战初期,日军凭借绝对的海、空军优势,封锁中国漫长的海岸线,企图截断中国与外界的联系。云南省主席龙云建议,修筑滇缅公路,直通印度洋。1937 年 12 月,滇缅公路破土动工,在昆明通往大理下关的滇西公路基础之上,向西延伸至保山、龙陵、畹町等地,进入缅甸境内,在木姐与缅甸腊戍—八莫公路衔接,最终与缅甸中南部的铁路相连,直通缅甸出海口仰光。

滇缅公路西段大山巨川延绵不断,跨越横断山脉、怒山、高黎贡山和怒江、澜沧江、龙川江,海拔起伏很大。该地区夏季有长达四个月的雨季,酷热难耐,冬季高海拔山区严寒刺骨,蚊虫蛇兽出没无常。在如此残酷的地理环境、气候条件以及缺乏现代工程设备的情况下,云南民众在一年之内赶筑完成了这条通往印度洋的生命交通线,创造了中国公路史上的奇迹。滇缅公路施工高峰期,每天约有 20 万人在崇山峻岭中奋战。云南民众为修筑滇缅公路,献出了近 3000 条生命。

1. 战时民众对抗战的贡献

自 1931 年九一八事变爆发以来,中国社会各界就积极开展抗日救亡运动。中国政府逐步走向对日作战,与民众不断高涨的抗日呼声息息相关;中日全面战争爆发后,中国军队能在艰难困苦中与强大的日本侵略军奋勇厮杀八年,更是与全国民众各种形式的支援密不可分。

截至 1941 年底太平洋战争爆发,日军占领了中国东北四省、察哈尔、河北、山东、江苏、山西大部、绥远大部、河南北部与东部、浙江东北部与长江中游沿岸的安徽、湖北、江西广大地区,以及东南沿海一线的大部分地区(包括台湾、海南)。偌大的中国被切割成几大块,即沦陷区(日伪占领区)、国统区、中间地带与抗日根据地。

西南大后方四川、西康、云南、贵州、广西、西藏与西北大后方陕西、甘肃、宁夏、青海、新疆、绥远,以及中日交战区浙江、安徽、江西、湖南、河南、湖北、广东、福建的部分地区,在国民政府的统治之下,被称为"国统区"。国统区是中国抗战最重要的财源基地、物资基地和兵源基地。

国统区民众除了实际承担征粮纳税、充军支前、运输生产等任务以外,还以各种形式捐款捐物、慰劳军队、救护伤兵、接济难民等。根据何应钦著《八年抗战之经过》附录《抗战期间各省历年实征壮丁人数统计表》显示,在1942—1945年间,国统区每年分别实征壮丁 1 711 122、1 666 918、1 611 342、929 226人次;从各省的分布情况来看,四川位列全国之首,每年分别实征壮丁 366 625、352 681、391 112、283 086人次,合计达到近140万,而当时四川人口总数不过5000多万,除去妇孺儿童,壮丁征招比例相当之高。湖南、河南、广东等省次之。

在1937—1942年间,中国军队仅陆军伤亡即多达 2 668 940人,国土沦陷的面积也逐步扩大,因此形成了兵员补充的巨大缺额与取材范围不断缩小的尴尬局面。当时中国并没有确立正规的户籍制度,农村人口众多,农民识字率不高,基层政治腐败,种种因素导致在征招壮丁的过程中弊端横生,比如捆绑强拉、冒名顶替,兵源状况并不理想,新兵素质较差,新兵入伍后出逃现象严重。

太平洋战争爆发后,中国军队走出国门,远赴缅甸作战。中国军队在战场上的表现如何,不仅直接影响成千上万民众的安危与国家的生死存亡,还关乎民族国家的荣辱和国际声誉。眼看军队作战能力一天天下降,中国政府感到必须提高士兵的素质,因此从1942年10月起提倡、鼓励知识青年从军。1943年3月,中国政府颁布新的兵役法,规定学生服役期间可保留学籍,从法律上为知识青年从军扫除障碍。随后,国统区各地陆续开展青年学生自愿从军运动。

图 3-13　号召知识青年从军标语

　　1944 年春,日军发动"一号作战"。秋季,日军推进至黔、桂,重庆震动,中国军队遭遇了全面抗战爆发以来最惨烈的军事失利,兵员数量匮乏,质量低下,已严重危及持续抗战的前景。9 月 16 日,蒋介石在国民参政会第三次大会上称:"今后惟有发动知识分子入伍从军,将知识青年真正训练成为一个现代的军人,使之充当下级干部,使一个人能够抵得上以前十个人的力量。"中国政府决定加紧动员知识青年自愿从军,并计划征招十万人,编组远征军。经大力宣传和广泛动员,从军计划得到了广大知识青年的热烈响应。"一寸山河一寸血,十万青年十万军",一时成为大后方学生中最响亮的口号。至 1944 年底,大后方各地报名并体检合格入伍的青年达 15 万余人,远远超过预期数。不少青年学生为国效力,战死疆场。

由于连年征战,长期处于战争非常态时期,中国东南富庶地区先后沦陷,原有的工业体系遭到严重破坏,民生凋敝,而抗战军费开支却逐年增长,致使中国政府财政收支长期入不敷出。数据统计资料显示,在 1937—1945 年间,江苏、山东、河北、山西、河南、浙江、江西、安徽、广东与南京、北平、天津、青岛、厦门十四省市工业损失共达 237 403 568 元。另据经济部统计,1942 年大后方各省共有公营和民营工厂仅 3758 家,其中湖南 501 家、福建 88 家、粤北 69 家、江西 102 家、广西 292 家。抗战军费却逐年增长,在 1942—1945 年间,中国政府的军费支出分别为 11 347 007 000 元、22 961 267 000 元、55 318 967 000 元、421 297 013 000 元(内有物价飞涨的因素),占政府总支出的 46.39%、41.97%、36.45%、33%;中国政府的财政赤字分别为 19 251 257 000 元、41 943 703 000 元、138 726 128 000 元、685 367 174 000 元,占政府总支出的71.35%、68.05%、78.95%、87.16%。如果考虑到民众已连年承受过重的税赋,巨大的财政收支缺额更使得国统区民众的负担进一步加重,四川是国统区各省财政负担最重的省份。据一般估算,中国政府在八年战争中共支出 14 640 余亿元,四川省就负担了 4400 亿元,约占全国的三分之一。

抗战后期,物价飞速上涨,通货膨胀严重,民众是最直接的受害者,不但日常生活受到影响,各种税赋也不断加重。鉴于物价,尤其是粮价上涨过快,中国政府为了保证军粮与城市供应,1941 年秋开始将按货币征收的田赋改征实物。次年 7 月,中国政府公布了《战时田赋征收实物通则》,规定田赋正、附税额每元折征稻谷 4 斗,从表面上看税额涨幅好像不大,但农民实缴的粮食数量却大幅增加。产粮大省湖南的征粮由 1941 年的 317 万石猛增到 1942 年的 700 万石,增幅超过一倍。

大后方民众还为前线军队修路修桥、工事建造、后勤补给等充当壮丁,提供了劳动力保障。在国际战略物资输送、兵员运送等方面发挥了巨大作用的滇缅公路和中印公路,都是数十万民众通过辛勤劳动和血汗完成的。据统计,在 1939—1941 年间,万余辆汽车在滇缅公路上川流不息,输送物资,其中经缅甸腊戍运入云南的军援物资就达 49 万余吨。10 万远征军出国作战和 6 万军队调赴滇西战场,也是依靠滇缅公路的运送。

图 3-14 云南民众修筑滇缅公路永平段

各大军用、民用机场也是各地民众辛勤付出所建造的。1943 年 11 月，美国总统罗斯福致电蒋介石，希望协助在成都附近修筑 5 个可供大型轰炸机使用的机场，以备将来轰炸日本本土之用。随即，中国政府动员了 40 万民众，在短短四个月之内，如期完工。1944 年 6 月 16 日，美国第一批超级空中堡垒 B29 机群由成都起飞，直冲日本钢铁中心八幡，轰炸制铁炼焦厂，令日本上下震惊。

大后方民众还积极支援前线，有力地配合了前方将士的作战。1944 年 5 月，驻滇西中国远征军在卫立煌的指挥下反攻盘踞在腾冲一带的日军，得到了滇西各族民众的全力支持和配合。第二十集团军强渡怒江，进入高黎贡山后，数万大军的给养和弹药补充极为困难。腾冲、保山等地民众，纷纷前往支援军队作战。熟悉地形和敌情的青壮年到军中帮助侦察和带路；近 4 万民众组织运输队，把粮食和弹药输送至战地；5000 余民众加入转运伤员的服务队；3000 余民众参与修复腾龙公路。仅腾冲县应征民众就有 4.6 万余人。作战期间，民众共运送军粮 830 万斤、马料 210 万斤。正是得益于民众的大力支援，第二十集团军将士经过 40 余天苦战，最终收复滇西边疆重镇腾冲。

中国民众还参与盟军作战的后勤保障。太平洋战争爆发后，大量美军进驻昆明及云南其他空军基地，当地民众竭尽全力保证两万余美军的特殊供应。据《盟军日用小计》记载：美军每天需要肉牛 40 头、生猪 60 头、鸡 1000 只、鸡蛋 6 万个、面粉 150 袋、蔬菜 1.2 万斤。据此计算，四年之内云南民众供给美军肉猪 8.76 万头、菜牛 5.84 万头、鸡

146 万只、鸡蛋约 8760 万个、面粉约 21.9 万袋、蔬菜约 1752 万斤。

　　众多海外华侨也为全民族抗战尽心尽力。他们不仅通过捐款、购买公债、投资与寄送战时急需的物资、药品器械等方式，从经济方面援助抗战，还在海外各地组织救国团体抵制日货、罢工、宣讲抗日、发动国际友人援助中国。更有相当数量的华侨不远万里，归国从军、支前，他们利用掌握的技术技能，前往战地担任运送物资、救助医疗等工作。有不少海外侨胞为了民族独立，献出了宝贵的生命。

　　全面抗战爆发后，南洋各地侨胞纷纷成立募捐救国团体。1938 年 10 月成立了全体南洋华侨团结性的团体——南侨总会。在 1942 年初日军占领南洋大部分地区以前，除了经常性的捐款以外，每当中国政府发动临时捐款、捐献，南侨总会都会挺身而出，组织筹划南洋各地的筹款活动，对抗战贡献巨大。旅居欧洲和美洲各地的华侨也组织成立了领导性的核心机构"全欧华侨抗联会"与"旅美华侨救国会"。据不完全统计，抗战期间全世界总共建立了 3940 多个华侨抗日爱国团体。海外华侨对祖国抗战最突出的贡献是经济援助。根据财政部的统计，八年抗战期间海外华侨的捐款总数达 13 亿余元。甚至还有研究认为，华侨对中国的捐献几乎占全部抗战军饷的三分之一，如再加上侨汇，则相当于战时中国政府财政经济约有一半是由海外华侨承担的。

　　2. 战时中国民众的牺牲

　　长期战争所带来的"副作用"有时远在有形的战场之上，对民众的危害比战场上的伤亡还要大，抗战时期河南两次遭遇重大天灾人祸的打击，便是最好的说明。中国民众承受着战争所带来的巨大痛苦，付出了惨痛的代价。

事实上，除了泰半国土遭遇日军铁骑侵占以外，中国西南、西北大后方等非直接交战区的民众也未能幸免于日军的袭扰。整个战争期间，由于中国空军力量薄弱，而美、苏等国对华武器援助有限，日本空军握有绝对的制空权，在中国领空肆无忌惮，经年累月，狂轰滥炸战区后方的各大城市及周边地区。

1931 年 10 月，日本关东军独立飞行中队出动 12 架飞机轰炸辽宁锦州，这是日军对中国城市实施无差别轰炸的开端。中日全面战争爆发后，日军为了摧毁中国政府的抵抗意志，消磨中国民众的抗战信念，逐步扩大无差别轰炸的范围，妄图人为制造恐慌，达到解决中国问题的目的。

1937 年 11 月，中国政府迁渝，陪都重庆成为战时中国的政治重心。自 1938 年 2 月起，日军特别对重庆及其周边地区实施大规模的空袭，直至 1944 年 12 月，制造了长达 6 年多史无前例的"重庆大轰炸"。据重庆市防空司令部统计，从 1938 年 10 月 4 日到 1943 年 8 月 23 日，重庆市区共发布空袭警报 217 次，日机进袭 8934 架，投炸弹 10 940 枚、燃烧弹 1783 枚，造成人员死亡 8059 人，受伤 9129 人，损毁房屋 15 450 栋，24 959 间。如 1939 年 5 月 3 日、4 日，日机实施大轰炸，在重庆市中心区域投掷炸弹 176 枚、燃烧弹 116 枚，炸死 4572 人、炸伤 3637 人，10 余条主街道被炸成废墟，房屋被熊熊大火吞噬，死伤枕藉，甚至连树枝、电线上也挂着断臂残肢。

　　"重庆大轰炸"仅是日军飞机对中国大后方城市实施无差别轰炸的一个缩影,日机的轰炸给战时中国民众的生活带来了巨大的痛苦和折磨,所造成的人员伤亡、财产损失更是难以计数。

　　日军对华军事、政治、经济等全方位的侵略,使得中国的人力、物力遭到极大的破坏和消耗,原本就生产力不足的中国在抗战后期陷入了物价飞涨、通货膨胀的恶性循环。

　　抗战时期,大后方物价变动的趋势,可以从四联总处所编制的"重庆市十五项物品趸售价格指数"窥见一斑。该指数以 1937 年全年平均为基期,采用加权综合法,包括米、面粉、菜油、盐、猪肉、煤、火柴、棉纱、棉布、绸、土林布、木板、元铁、肥皂、纸等十五项与民生密切相关的基本物品。在 1937—1944 年间,每年度 12 月份的物价指数分别为:104.78、145.88、284.52、1225.73、2748.63、7584.99、22 147.24、42 441.00 (截至 1944 年 5 月)。其中,1940 年较上年底上涨 330%,1941 年上涨 124%、1942 年上涨 175%,1943 年上涨 191%,1944 年 5 月较上年底上涨 109%,呈现全面跳跃式的暴涨局面。

　　造成大后方物价持续上涨的因素是多方面的,但日军的侵略是最主要的。抗战进入相持阶段后,侵华日军用"以战养战"的战略实施对华"经济作战",主要手段包括对占领区进行疯狂的掠夺和破坏,封锁中国沿海地区,阻断中国与其他各国的贸易,采取严格的"统制贸易"政策,防止物资外流;采用走私的方式,从国统区吸收必要的物资,同时把剩余产品向国统区倾销,换取大量的法币套取外汇,进而向第三国购买物资,破坏法币的外汇基金;1941年7月英美封存中日资金后,法币在沦陷区不能再套取外汇,日军又改变策略,不再侧重于倾销剩余物资,反而积极加强物资封锁,并偏重于向国统区吸购物资等。

与日军的炮火侵袭等有形的伤害不同,物价持续上涨与通货膨胀严重影响广大民众的日常生活,久而久之,极大地影响民众对生活的信心,甚至影响民众对政府的信任,引发各种社会问题,其危害程度甚至不亚于战场上的军事失利。其中,公教人员与一般市民的生活受到的影响更大。据美国学者易劳逸(Lloyd Eastman)的研究,到1940年,公务员工资的实际购买力已经下降到战前水平的五分之一,到了1943年,实际工资更跌落到1937年的十分之一,虽然他们的境况因每月有米、食油等津贴而有所缓解,但他们的生活经常处于赤贫状态中。

河南位于中国中部,因大部分地区在黄河以南,故取名"河南",古有"中原"之称,承东启西、望北朝南,战略位置非常重要,自古以来便是兵家逐鹿之地。抗日战争期间,河南民众更是饱受战乱之苦,不失为战时民众苦难的一个缩影。

1938年5月,日军迅速攻占重镇徐州以及河南东部部分地区,直逼威胁战略重心武汉。在军事抵抗无力的情形下,蒋介石下令黄河决堤,企图"以水代兵",迟滞日军南下,赢得保卫武汉的时间。6月8日午夜,第八师在黄河花园口实施决堤,顷刻间滔滔黄河水,一泻千里,倒灌整个中部平原,河南等省几百万民众受灾。

1942年春、夏直至秋季,河南遭遇了一场旷日持久的特大干旱,其中还夹着风灾、雹灾与蝗灾,近百县受灾,夏、秋两季颗粒无收,产粮大省遭遇严重的粮食危机。河南东、南、北三面均被日军占领,交通断绝。多种因素叠加在一起,致使河南省政府实施救援困难,绝大多数灾民只能自生自灭,四散逃离。河南大饥荒导致了200多万民众死亡。资料记载道:"河南人几乎死得路断人稀。鲁山白果树村竟发现人吃人的惨剧。逍遥(镇)、许昌、襄阳各地市场,任何物价都比人价贵,长成的少女,只要几个烧饼便可以换来。至于路旁的饿尸,街头的弃婴,更是数见不鲜。……使你不敢相信这是人间。"

图3-15 1942年河南特大灾荒中的妇女和儿童

沦陷区的民众更长期生活在水深火热之中,他们必须忍受日军的奴役统治和掠夺,以及被日军扶植的伪军、伪政权在管辖范围内的横征暴敛。

例如,汪伪政权 1944 年计划在华中江苏、安徽、浙江三省购米 54 万吨,其中 40% 为日军"军用米",相当于上海 400 万人口的粮食。日军指定的"军用米"购买地区,大部分是"清乡"地区,价格低廉。上海地区的"军用米"价格只有市场价格的 28%~62%,几乎等同于武力强制收购。

日军在占领区的各种苛捐杂税名目之多,透过伪满洲国属下丰宁县小厂村的负担情形可见一斑。在 1941—1945 年间,小厂村所负担的各种捐税有:地亩公课金、"义仓"分摊、门户费、牲畜捐、牛车捐、房捐、配给费、飞机献金等近十种,这还不包括伪军、伪官员等各色人员在征纳过程中的敲诈勒索。另据北平昌平县的统计,杨家村村民,在一年之内对日军负担 1700 元,出夫 15 000 个工;蔡家村负担 1600 元,出夫 14 000 个工;杨家峪 2000 元,出夫 15 000 个工;吕家村 1500 元,出夫 11 000 个工;4 个村庄总计 200 余户人家,平均每户负担近 40 元,出夫 175 个工。

抗战期间,日本侵略者还在沦陷区毒化广大民众,以达到其劣化中国人民素质与长期统治奴役的侵略目的。汪伪政府中心南京的大街小巷,各类烟馆和土膏店随处可见,流毒甚广,因吸食鸦片而倾家荡产的比比皆是,老百姓对此深恶痛绝。1943 年 12 月,多年埋藏在心里的怒火终于在青年学生当中爆发,南京市部分大中学校学生从中央大学出发,游行至烟馆比较集中的夫子庙,没收了大量鸦片烟土和烟具,并集中在一起焚烧。这场清毒活动,是沦陷区民众反抗伪政权与日本统治的写照。

抗战时期,中国民众做出了巨大的牺牲。以湖南省为例,1938 年底武汉会战结束后,湖南便处于抗日最前线,中日军队一共进行了 22 次大的会战,其中有 5 次在湖南境内。湖南全省共有 78 个县市,其中有 44 个县市被日军攻陷,11个县受日军袭扰,9 个县被日军飞机轰炸,其余 14 个县虽未遭受日军侵袭,但所受间接损失也很严重。到 1945 年 8 月抗战结束为止,湖南全省民众因战争死亡 920 085 人,受伤1 702 298人,财产损失达 121 922 亿零 1027 余万元(按 1945年 8 月份物价指数折算)。

3. 陪都重庆民众的生活百态

陪都重庆所呈现的生活画卷与陕北延安迥然不同。抗战爆发后不久,东南半壁河山沦陷,大批官员、军人、商人、教员、学生、工人、难民等纷纷涌入西南大后方,重庆市人口数量激增。抗战爆发时,重庆市人口约 46 万,至抗战结束时,已增加了近两倍,至 126 万人。全国各地各行各业蜂拥而来,不仅使重庆市街头变得热闹非凡,也丰富了战时重庆的生活图景。

漫画家叶浅予是东部沿海城市西迁大军中的一员。抗战时期,叶浅予在重庆市生活了几年,亲眼"看到人们不得不改变平时的正常生活,来适应战争环境的谋生条件"。他用一百多幅介于漫画与速写之间的画稿——《战时重庆》,记录了特殊时期大后方的民众生活。叶浅予的画作选材十分丰富,形象生动,寓意深刻,淋漓尽致地展现了战时重庆的多元生活图景。其中包括，吸着大烟穿着布鞋的土货店老板与穿戴整齐打扮时髦的洋货店经营者，埋头擦皮鞋的街头苦力与气定神闲的公务员，下雨天在简陋房屋打伞看书的知识分子，为了生计弃文从商的文人与店铺，地下防空洞里躲避空袭时不忘讨价还价的民众，街头可怜巴巴的孤儿，歌舞升平的大三元饭店，挑着大米赶着猪群的农民，防空警报响起后的街头百态，背上枪支从事生产的民兵，背着竹筐的农妇与没完没了的上下坡，重庆街头妙龄女子的时装秀，争相挤兑黄金的重庆市民，送孩子入伍的家长与亲友，汽车抛锚后的乘客百态，遭遇日机疲劳轰炸后一脸疲态的公务员，汽车行意气风发的暴发户，等等。

图 3-16 抗战时期重庆江边码头拥挤的街道

位于嘉陵江和长江交汇处的朝天门码头是重庆的水上门户，它是战时陪都人来人往的见证者。朝天门码头千余级弯弯曲曲的石梯上，总是一幅人头攒动的景象，有提着皮箱刚从船上下来的，也有匆匆忙忙下去乘船的；在形形色色、上上下下的人群里，有肩挑的、背篓的、坐滑竿的、抬轿子的，有的头上缠着头巾脚穿草鞋，有的西装革履手提皮包。登上朝天门码头，迎面而来的便是外围一排排简陋的小竹棚，这是码头工人、车夫、挑水工人以及部分船夫的栖身处，也就是所谓的"棚户"。

在 1938—1944 年间，日军飞机经常出现在重庆市的上空，狂扔炸弹、用机关枪向地面人群扫射，空袭极大地影响着重庆市民的日常生活和心态。"挂红球"是重庆标志性的生活图景之一。由于日军飞机的疲劳轰炸，水电等基础设施常常遭到破坏，电动防空警报时常无法正常使用，取而代之的便是在高处的桅杆上悬挂"红球"。如果桅杆上悬挂红球一枚，表示预行警报；再升一枚则为警报，民众见状就要赶忙钻入防空洞；当第三枚升起时则意味着紧急警报，日机快要到达，路上行人不准再走动。"跑警报""躲轰炸"成为重庆市民日常生活的一部分。部分市民每当雾季过后，日本军机频繁袭扰来临前，便拖家带口前往附近的乡下躲避；住在市郊卫星城镇的一些民众，每当防空警报发出后，便跑到附近的农村，待警报解除后才返回。不过，对绝大多数民众来说，躲避空袭最常用的方式，是时刻准备着往防空洞里跑。

美国记者白修德记录下了当时的场景："一切东西，从机关的档案起，至职员的衣服止，平日都包扎好好的，以便警报一响，飞速搬进防空洞。日常办事以天气为准，需要走的远的事情，留到阴天办理。似乎要出太阳的时候，人们在天亮之前就起身准备长征，以免空袭来时，赶不到防空洞。"然而，面对经年累月的疲劳轰炸，重庆民众也习以为常了。《中央日报》的主笔陶希圣回忆起战时重庆的生活称："战时的生活似乎有一个特点：我们的胆子都大了。"

"跑警报""躲轰炸"对不同身份地位的人而言，完全是不同的体验。一些达官显贵们有专用的防空洞，设备齐全，空间很大，整洁卫生。大公司商号、银行钱庄通常也有自备的防空洞，洞内条件较好，有通风设备，还有桌凳可以休息，职工家属可凭证进出。大户人家通常也会在私家宅院备有专属防空洞。但普通民众只能跑到简易的公共防空洞内躲避，这种类型的防空洞数量最多，通常设备简陋、油灯照明，通风不好，潮湿肮脏，空气污浊，如果洞内比较拥挤，避难者往往有无法呼吸的感觉。遇到紧急情况，还会发生挤踏。1941年6月5日晚上，重庆发生了震惊中外的较场口防空大隧道窒息惨案。紧急躲避日机轰炸进入防空隧道的人太多，结果导致窒息挤压，死、伤市民达数千人之多，造成抗战时期大后方最惨痛的市民伤亡事件。

"大轰炸"不仅严重扰乱了重庆民众的正常生活秩序，还严重挫伤了重庆市民的生活信心，再加上物价持续上涨，生活成本大大提高，普通民众基本上维持在最低的生活水平线上，居无定所、妻离子散是很常见的现象。战时重庆市民的结婚率明显降低，而离婚率却逐步升高，重庆街头时常有被遗弃的婴儿。1940年2月，重庆孤儿人数已达两万人左右。陪都重庆普通民众的战时生活，真可谓水深火热。

六、迈向世界大国的步伐

　　1840 年,英国用炮舰轰开了清政府闭关锁国的大门,鸦片战争爆发。1842 年,英国强迫清政府签订了近代第一个不平等条约——《南京条约》。随后,列强纷纷效仿,不平等条约接二连三地被加诸清政府,中国沦为次殖民地的地位。

　　废除不平等条约,收复国家主权和领土,追求民族独立国家富强,成为国际社会平等的一员,是近代中国有识之士孜孜以求的目标。其间,挫折不断,泪水多于喜悦。太平洋战争爆发以后,中国与英、美结成同盟,中国政府重新提出废除不平等条约。1943 年 1 月 11 日,中英、中美平等新约分别订立,英、美在华特权完全废除。这意味着中国挣脱了不平等条约的枷锁,解除了百年桎梏。

1. 中美、中英新约的签订

　　太平洋战争爆发后,中国与美国、英国结盟,携手作战,但中国与列强之间的不平等条约依旧存在,显得极其不合时宜。其实,在全面抗战爆发不久,英、美即承诺在战后与中国政府谈判取消不平等条约的问题。太平洋战争爆发后,英、美在华租界相继落入日本之手,其原本所起到的保护难民等作用,不复存在。在这种情势下,中国政府积极谋求开展平等的盟国外交,废除不平等条约再次提上议事日程。

中美结盟后，蒋介石很快考虑到废约问题。1942年1月11日，他在日记中记道："废除不平等条约之宣言与交涉之时机，已可开始否？"3月，新上任的中国政府外交部长宋子文向美国政府传达了中国希望立即废除旧约、签订新约的意向。外交部还拟定了《关于取消领事裁判权之原则》。然而，开战初期美、英在南太平洋遭遇严重的军事失利，急于挽救危局，无暇顾及更多，因此主张废约问题等待更为合适的时机再行磋商。

4月，熊式辉率中国军事代表团抵达美国，出席华盛顿军事会议。中国代表并未受到应有的重视，只是象征性出席几次太平洋军事会议而已。鉴于在军事上无能为力，英美对华援助也不积极，熊式辉转而希望能在政治方面有所作为，积极策划废除不平等条约，希望能在精神上提振国人士气。6月，熊式辉电呈蒋介石，力陈中国"宜于本年八月廿九日即不平等条约一百周年纪念日，自动取消之意见"。蒋介石接电后，随即转交国防最高委员会秘书长王宠惠核议。经外交部、国防最高委员会等部门讨论，认为美国在原则上已正式承认废除不平等条约，为了不影响对美开展其他方面的交涉，在并未充分准备如何实施之前，不宜轻易提出。不过，外交部仍为取消废除治外法权及其他特权积极做准备。

5月第一次缅甸战役结束，中国和英国军队没能抵挡住日军的进攻，缅甸全境沦陷，中国获取英美物资援助的唯一通道滇缅线被切断，中国抗战陷入了巨大的困境。5—6月间，美军与日军在珊瑚岛、中途岛等处海战，日军损失惨重，被迫由攻转守，太平洋战场局势发生逆转。9月，美国国务卿赫尔认为,此时与中国政府谈判废除领事裁判权和其他特权,订立符合国际关系普遍原则新约的时机已经到来。美国将这一设想告知英方,并获得英国的明确答复,愿与美方合作,与中国谈判解决治外法权问题。

10月3日,美国驻英大使通知英国外相艾登,建议美英两国于10月9日同时在华盛顿和伦敦约见中国大使,以绝对机密的口头方式说明几个月以来美英会商取消在华领事裁判权的情形。艾登不赞成美国主张的方式,建议两国联合发布公开的联合文告,10月10日见报。10月10日,美、英两国政府宣告,撤销在华治外法权及其他有关权益,愿与中国政府迅速谈判缔结新约。当天下午4时,蒋介石在重庆陪都各界"双十节"纪念大会上,郑重宣告了这一消息。这是那年中国人民"双十"国庆节收到的最好节日礼物。

此后,中美、中英就有关平等新约问题展开谈判。中美两国的谈判较为顺利,但中英两国的谈判由于香港九龙问题的梗阻,并不顺利。中国政府为了维护同盟国的整体利益,同时也希望中英新约能与早已谈妥的中美新约一起发表,做出了较大的让步,同意不谈九龙问题,中英新约最终才得以达成。

1943年1月11日,中国驻美大使魏道明与美国国务卿赫尔,在华盛顿分别代表两国政府签署了中美平等新约及换文。同日,中国政府外交部长宋子文与英国驻华大使薛穆、印度驻华专员黎吉生在重庆签署了《关于取消英国在华治外法权及其有关条约与换文》。继美、英之后,比利时、挪威、加拿大、瑞典、荷兰等许多欧洲国家纷纷放弃在华治外法权,与

图 3-17 中国驻美大使魏道明(左)与美国国务卿赫尔在华盛顿签订新约

中国签订平等新约。此前,苏联政府已宣布放弃沙俄在华的一切特权,德国因第一次世界大战战败,早已失去了在华特权。太平洋战争爆发后,中国对日本、意大利宣战,一切条约自动作废。

1 月 25 日,中共中央发布《关于庆祝中美、中英间废除不平等条约的决定》。当月 29 日,中国政府通令各机关学校自 2 月 5 日至 7 日放假 3 天。2 月 4 日,延安各界 2 万余人集会庆祝废约成功,大会向全国发出通电,并举行盛大游行。5 日,陪都重庆也举行了 5 万人参加的庆祝大会,会后举行盛大游行。

中美、中英新约的签订,既是中国人民反对外来侵略所取得的伟大胜利、中国战时外交取得的重大胜利,也意味着自《南京条约》起,列强在华的不平等条约体系彻底瓦解,百年桎梏终于解除,中国在国际社会追求民族独立与国家平等,寻求新的国际认同,又迈出了坚实的一步。

2. 出席开罗会议

随着世界反法西斯战争在各条战线不断取得胜利,如何处置战败国与建构战后世界新秩序,成为同盟国亟待商讨解决的问题。已跻身为世界"四强"的中国,与美、英、苏一道,责无旁贷地承担起这个重任,逐步参与国际事务,发挥了应有的作用。

1943 年 2 月,德、意在北非战场受到重大打击,日本在远东战场上也是节节败退。轴心国败象已显露,同盟国胜利在望。3 月,英美开始磋商建立战后国际组织和如何处置殖民地的问题,同意战后由美、英、苏、中"四强"来分担和平责任,罗斯福总统还表示同意设立联合国机构。不久,罗斯福向中国政府外交部长宋子文转达了希望与蒋介石、斯大林、丘吉尔早日晤面的意愿。由于当时同盟国之间的各种问题实际上由美英所主导,蒋介石最初并没有表现出很大的热情,反而认为"罗斯福预约余参加四头会议,余不愿受此虚名,亦不愿领其人情",一度设想该如何婉拒。但随后罗斯福一再邀约,加上中国确实有领土、战略、战后世界新秩序等问题需要与美、英商谈,蒋介石最后答应参加同盟国首脑会议。

8 月,罗斯福与丘吉尔在加拿大魁北克见面,继续商谈战后世界性组织等问题,中国外交部长宋子文在会议末期也加入了讨论。此次会议的最大成果,就是决议组织维持世界安全的机构,由美、英、苏、中先行订立四国协定。建立战后国际和平组织是中国政府的一贯主张,自然乐见其成。9月,美国政府将四国宣言的草案,通知中、英、苏三国政府。

10月,美、英、苏三国外长在莫斯科举行会议,进一步商讨四国宣言。30日,中国驻苏大使傅秉常与美、英、苏三国代表一道,签署《关于普遍安全的宣言》,明确提出战后建立一个普遍性的国际组织,维护国际和平与安全。这预示着中国将与美、英、苏三国共同承担创立新的国际组织的责任,保证未来世界的和平与普遍安全。同月,罗斯福总统再次致电蒋介石,希望能于11月下旬在埃及晤面,商讨战后问题。

11月18日上午,蒋介石及其幕僚、随从在重庆白市驿机场起飞,启程前往埃及开罗,途中在印度阿萨姆、阿柯拉、克拉蚩三次降落休息,最终于21日早晨7时半抵达开罗培因机场,在中国服役的陈纳德将军及美国第九航空队军官早早在机场等候欢迎。蒋介石等人随即乘坐美国空军准备的汽车,前往位于距尼罗河西岸15公里处的米纳饭店议场。6时半,蒋介石携王宠惠礼节性拜访丘吉尔。22日上午11时,丘吉尔回访,与蒋介石、宋美龄相谈甚欢。同日,罗斯福抵达开罗,下午5时与蒋介石相见,双方约谈1小时。蒋介石在日记中记道:"届时往访,一见如古(故),但其(罗斯福)形态斜目而跛足,显为阴沉深刻之政治家,自有一种不凡风度乎。"

开罗会议期间,蒋介石的主要行程和活动如下:23日上午,携宋美龄、林蔚、朱世明出席罗斯福官邸第一次高峰会议;当晚,携宋美龄、王宠惠赴罗斯福总统晚宴,谈至深夜11时。24日下午,罗斯福总统的顾问霍普金斯与宋美龄、王宠惠商谈《开罗宣言》内容,王宠惠翻译后呈阅蒋介石,经修改批示后确定;当晚,蒋介石赴丘吉尔晚宴。25 日上午,蒋介石前往罗斯福住处,参加三国领袖摄影。罗斯福几次邀请蒋介石在中间位置就座,遭坚拒,蒋介石坐在右侧,丘吉尔坐在左侧,而后又邀请宋美龄同坐。摄影结束后,与罗斯福约谈半小时。下午与次日,携宋美龄赴罗斯福官邸会谈。27 日参观金字塔、教堂和开罗旧城后,起飞返程。

图 3-18 开罗会议中美英三国首脑合影

蒋介石代表中国政府出席开罗会议,是近代以来中国领导人首次出现在世界最高舞台。会议期间,除了讨论反攻缅甸等具体军事作战问题以外,蒋介石还与罗斯福就战后日本国体与对日处置、东北与台湾及澎湖群岛归还中国、琉球由国际机构委托中美共管、扶助朝鲜和越南独立、战后旅顺军港处置等问题进行了广泛的讨论。蒋介石在这些问题上的意见得到了罗斯福的认可,并被美方所拟的会议公报所接纳。26 日下午,中、美、英三方商定会议公报,并决定待罗斯福、丘吉尔与斯大林在德黑兰会谈后,以宣言形式发表,开罗会议圆满结束。12 月 3 日,《开罗宣言》在华盛顿、伦敦、重庆同时发表,中外舆情,莫不称颂。《开罗宣言》宣告,被日本强占多年的台湾及东北等中国领土将归还中国,中国外交取得了空前的胜利。

3. 参与联合国的创建

继开罗会议和德黑兰会议就战后组建新的国际组织进行原则性磋商后,1944 年 5 月,美国拟再邀请中、英、苏代表进一步商讨。然而,英国轻视中国的力量,对美国扶持中国成为世界"四强"之一并不认同,苏联更是以不宜过度刺激日本为借口,拒绝与中国共同出席高层次的国际会议。四国共同举行会谈存有较大的困难。中国驻美大使魏道明致电外交部称,关于我国参加商讨国际和平安全机构计划草案,美国国务卿赫尔认为,如英、苏两方任何一方不赞成邀请中国参加,是否可效仿开罗会议和德黑兰会议的方式,由中美英、英美苏分别进行会谈。7 月,魏道明再次从美国来电称,苏联不欲此时与中国会商,而英国碍于美国的情面,愿与中、美共同会谈,美、英、苏三国已定于 8 月初在华盛顿开始会谈,美国希望中美英谈判能于此间分别进行。中国政府同意了美方的提议。

中国朝野对创建战后国际和平机构问题早有研究。开罗会议期间,王宠惠曾向美方提交《关于设立四国机构或联合国机构问题》的节略。确定参加中美英三方会谈后,中国方面加紧准备,很快便完成了"中国政府基本态度与对重要

问题之立场""中国政府关于国际安全和组织问题之主张"等
方案。

8月21日,美、英、苏在华盛顿市郊敦巴顿橡树园先行举
行会谈。会谈达成的主要决议是,建立新的国际组织为"联
合国",并基本确定了联合国的组成、组织架构及议事规则
等。从9月29日开始,中、美、英三国展开第二阶段的会谈。
由中国驻英国大使顾维钧领衔的中国代表团抱着促成这次
会议成功的态度,只是对美、英、苏共同拟定的议案提出7点
补充建议,其中3点被采纳,分别是"处理国际争议应注重正
义与国际公法原则""国际公法之发展与修改应由大会提倡
研究并建议""经济社会委员会应促进教育及其他文化合作
事业"。最终,敦巴顿橡树园会议通过了《关于建立普遍性国
际组织的建议案》,对联合国的宗旨和原则、会员国资格、职
能机关设置、维护国际和平与安全及社会合作等问题做出了
明确规定,但投票程序、创始会员国等问题仍未解决。

1945年2月,罗斯福、丘吉尔与斯大林在雅尔塔举行会
议,对创建联合国尚待解决的问题进行磋商,会议发表公告
称,拟于3月25日在美国旧金山召开会议,成立维护世界和
平与安全的联合国。3月5日,由美、英、苏、中四国政府牵头
发起的旧金山联合国大会请柬分别在华盛顿、伦敦、莫斯科、
重庆公布,凡在1945年2月8日前在《联合国家宣言》上签
字的国家、3月1日前对轴心国宣战的国家,均在邀请之列。

3月27日,中国政府发表了出席旧金山会议的中国代表
团10人名单,由外交部长宋子文领衔,成员包括顾维钧、王
宠惠、魏道明、胡适、董必武、李璜、张君劢、吴贻芳和胡霖,他

们分别代表中国的抗日力量——国民党、共产党、青年党、国
社党和无党派人士。

图 3-19　董必武出席联合国制宪大会，在文件上签字

4 月 25 日早晨，美、苏、英、中四大国的首席代表退丁纽
斯、莫洛托夫、艾登和宋子文在费尔蒙特饭店顶楼举行了首
次聚会。下午，旧金山联合国会议正式开幕，举行了简短的
例行仪式，美国新任总统杜鲁门发表讲话。本次会议共有 46
个国家受邀参加，连同美、英、苏、中四大发起国共计 50 国出
席，中、英、苏、法四国文字作为会议正式文字，美国国务卿为
国际安全会议主席，国际安全机构主席由主要国家轮流担
任，中、苏、美、英四国外长为联合国会议主席。

在联合国大会筹备进程中及会议召开期间,美、英、苏三国代表在参加国席位、投票权、会议主席、委员会席位、表决程序、托管制度等具体问题上展开激烈博弈。由于先行确定的所有提案在提交大会或各种委员会讨论以前,必须先经过四大国审查批准,因此中国的态度和立场颇为关键。中国代表团始终采取不偏不倚的态度和自主公正的立场,对会议的成功召开起到了重要作用。例如,美国在会上提出,结合托管制度建立战略地区的提案,希望所有战略地区都将置于安全理事会的控制之下,该提案遭到苏联等部分与会国家的强烈反对,双方僵持不下,最终经过中国代表团的调和,提案才最终通过。顾维钧回忆称:"我们是能够左右最后结果的。中国代表团提出,托管领土的行政权力不应仅仅委诸个别国家政府,联合国本身也应担负管理工作。几经讨论,中国的提案终获通过。"中国代表团提出的关于安理会职权问题的修正案、对安理会非常任理事国选举的提案以及关于托管制度的修正案均获通过,最终写入《联合国宪章》。中国代表团在会上还积极为中小国家及殖民地人民争取正当权益,做出了重大的贡献。

6月25日,旧金山联合国会议第九次全体大会通过《联合国宪章》和《国际法院章程》等文件。次日,在旧金山退伍军人纪念堂会议厅举行《联合国宪章》签字仪式,由于中国在四大发起国中按字母排列居首,中国代表顾维钧、董必武等依次用毛笔以中文率先在宪章上签字,随后美、英、苏、法等49国代表相继签字,《联合国宪章》正式生效,旧金山联合国会议旋即闭幕。10月24日,联合国正式宣告成立。

中国作为四大创始国之一，全程参与联合国的筹备与创建，发挥了重要的作用，既实现了中国抗战为世界正义、人类和平而奋斗的目标，也为战后世界新秩序的建构做出了重要的贡献。

第四章　抗日战争的伟大胜利(1945)

一、胜利前夕的世界反法西斯战场

　　1945 年 4 月,盟军从不同方向兵临柏林城下,希特勒决定将德军统帅部撤离柏林,他本人则坚持留下,要"与柏林共存亡"。希特勒命令所有参谋和文职人员都毫无例外地参加战斗,处决按兵不动的指挥官。4 月 29日,希特勒自知失败在即,他与长达 12 年的情人爱娃·布劳恩举行婚礼,并口述了遗嘱。30 日下午,被困的希特勒在地下暗堡的寝室里服毒自杀,在服毒的同时,他还用手枪对着自己的太阳穴扣动扳机……

　　一代枭雄、不自量力发动世界大战的罪魁祸首希特勒,其尸体被下属匆匆拉到一个炸弹坑中,浇上汽油火化,烟消云散。

1. 盟军攻克柏林

时间进入 1945 年,世界反法西斯战场的形势一片大好,盟军在各战场节节胜利,法西斯国家面临穷途末路。

在苏德战场,苏联红军在 1943 年夏季与德国军队在库尔斯克进行了一场持续两个月的大会战,德军大败,共损失了 30 个师(其中包括 7 个坦克师),1500 多辆坦克,3500 架飞机。库尔斯克会战是重大的转折,从此希特勒被迫转入战略防御状态。1944 年初,苏联红军开始大规模的战略反攻,对德军发动了"十次打击",收复了包括列宁格勒等重要城市在内的大片国土。当年 7 月,苏联红军将德军赶出了国境,继续攻入德国法西斯占领的其他欧洲国家,配合各国人民的反法西斯的斗争。

与此同时,盟军方面应苏联的请求,积极筹备"欧洲第二战场"。1944 年,美国与英国政府确定了号称"霸王"作战的计划,调集海陆空军队总兵力超过 280 余万人,6500 余艘战斗舰艇与运输船只,1.5 万架作战飞机。美国的艾森豪威尔将军担任盟军的总司令,英国的泰德空军上将为副总司令,指挥作战。1944 年 6 月 6 日,"霸王"作战正式开始,盟军海空军齐发,以破竹之势,迅速渡过英吉利海峡,在法国西北部的诺曼底登陆。希特勒对盟军的战略判断有误,部署失当,诺曼底是其防线中薄弱的一环。盟军经过艰苦的激战,凭借优势兵力与绝对的制空权,终于在 7 月下旬,完成了载入军事史册的诺曼底登陆。为此,盟军付出了 12.2 万兵力伤亡的代价。

盟军在欧洲第二战场的开辟,对整个反法西斯战争有着多重的战略意义:一是直接打击了德国军队,歼灭了大量德军有生力量;二是支援了苏联红军的战略反攻,使德军顾此失彼;三是鼓舞了欧洲各国人民的反法西斯力量,罗马尼亚、捷克斯洛伐克、希腊人民先后举行武装起义,从法西斯手中取得了独立与解放。而影响最大的,莫过于原是法西斯战争策源地的意大利,人民配合盟军的进攻举行武装起义,法西斯政权土崩瓦解。1945 年 4 月下旬,意大利的法西斯独裁者墨索里尼在逃亡途中被游击队员俘获,当即予以枪决,其尸体被运往米兰,倒悬于广场示众。

至 1945 年春,德军节节败退,势如破竹的盟军已进入德国本土作战。苏联红军已到了距德国首都柏林不到 100 公里的地方,美、英联军的先头部队亦已到达易北河,距柏林 100—120 公里,均准备给德军以最后歼灭性打击。攻克柏林对于战局的重要意义不言而喻,苏、美、英三国曾约定柏林为苏军的战区,但密切关注着德国战场局势的斯大林发现,当德军溃败时,似乎他们更愿意向英、美盟军投降,而英、美盟军扑向柏林的动作也很迅速。于是,斯大林决定提前发起攻克柏林的战役。4 月中旬,苏军从各方向击败德军,兵逼柏林。

德军集中全力防卫柏林,殊死一搏,在苏德战场上部署了 214 个师,在与美、英盟军作战的方向部署了 60 个师,防守柏林方向的德军总计 63 个师,兵力共约 100 万人,包括 48 个步兵师,9 个摩托化师,6 个坦克师,各种大炮 1 万余门,作战飞机超过 3000 架。此外,还在柏林市内组建了超过 20 万人的“国民突击队营”,在柏林乃至在整个德国,所有男子都被拉上战场,已很难看到不穿军装的年轻或成年男子。德军统帅部采取了各种措施,阻止盟军夺取柏林,其防御策略是在重点区域予以重兵密集的纵深防御,在其最重点部署防御的屈斯特林登陆场阵地,集中了战斗力最强的军队集团,平均每3公里正面就有1个师的兵力，每1公里正面有60门火炮、17辆坦克。

苏军承担了攻克柏林的主要任务。1945年4月中旬起，苏军发起了攻克柏林的战役，这是第二次世界大战中苏军实施的最后一次战略性进攻战役。苏军共集中了162个师，总兵力约250万，配属4万余门火炮，7500架军机，对当面之德军展开猛攻。德军奋力抵抗，无奈其不仅士气低落，兵力与兵器的数量上也大大落后于苏军。苏军先后突破德军在奥得河、尼斯河的防线，于25日对柏林形成包围之势。苏军接着采取多路分进向中心突击的方法，对柏林展开强攻，与德军展开激烈巷战，逐步推进。

守卫柏林城的是德军党卫军部队。他们在每一条街巷都构筑起了防御工事，设置了防坦克障碍，几乎所有房屋都被加固成防守堡垒，每扇窗户背后都可能是一个火力点。党卫军躲在城内的各个建筑中，对着进入街巷上的苏军士兵射击。苏军士兵奋勇向前，一个人倒下了，身后的人再跟上，他们必须逐街逐屋地消灭每一个死守的德军。苏军靠着坦克车一辆接一辆地碾过柏林每条大街小巷，向每个可疑的建筑猛烈轰击，直至摧毁。柏林城中的250万幢建筑在炮火中几乎被夷平，转眼成了满城的瓦砾。苏军终于在4月27日突入柏林中心区。

29日黎明时分，苏军对柏林城内的国会大厦发起攻击。守卫大厦的德国士兵极其顽强，双方在大厦内以拼刺刀相搏。30日，希特勒自杀。当天傍晚，苏联士兵将国旗升上了柏林国会大厦的圆形拱顶。5月2日，德军的柏林卫戍司令率部投降,柏林被完全攻克。苏军为此胜利,牺牲了超过 30 万人。

图 4-1 苏军攻占柏林

5 月 8 日,德军作战部最高指挥官约德尔上将受派前往法国兰斯,向艾森豪威尔将军所率领的盟军无条件投降。斯大林对此不以为然,他说,这不过是德国投降签字仪式的预演,德军必须向为攻克柏林付出巨大牺牲的苏军投降。8 日 24 时,德国正式向苏、美、英、法四国投降。次日,苏军朱可夫元帅主持了德国投降签字仪式。

攻克柏林,是盟国赢得反法西斯战争胜利的重要里程碑,它标志着法西斯德国的灭亡,第二次世界大战欧洲战场和苏德战争的终结。纳粹德国宣布战败投降的消息传出,正在冲绳岛激战的美国军队深受鼓舞,海面上的每一艘美国军舰向日军阵地发射 3 发炮弹,以示祝贺。此后,盟国的作战重心全部移到东方战场。

2. 亚太战场与《雅尔塔协定》

在太平洋战场上,美军于 1944 年上半年已开始逐岛反攻,占领关岛。

关岛是太平洋上马里亚纳群岛中面积最大的岛屿,原是美国的海外属地。1941 年 12 月日军袭击珍珠港后,旋即攻击关岛,并予以占领。之后,日军将关岛建成了其在太平洋上最重要的军事基地之一,被称为"海上长城"的心脏。1944 年下半年,美军改变在太平洋上的作战策略,由原来的"逐岛进攻"战略改为"蛙跳战术",即越过日军占领的一些次要岛屿,直接夺取太平洋上最重要的据点,以切断日本的海空交通线,建立美国的海空军战略基地。发动关岛战役时,美军就是绕过加罗林群岛,直取马里亚纳群岛,其目的是要夺回关岛,突破日本的防御圈。

美军为确保胜利,出动了太平洋舰队的 640 余艘军舰,舰载与陆基军机 1600 余架,登陆兵力为 5 个师,超过 12 万人。从 1944 年 6 月中旬开始,美军飞机对日军的机场、基地实施持续不断的轰炸,获得制空权后,再由战列舰进行近岸炮轰,为登陆扫清障碍。由于日军的顽强抵抗,美军登陆的日期一再推迟。7 月 21 日,美军在强大火力支援下实施关岛登陆,日军殊死反击,美军每前进一步都很艰难。直到 8 月 12 日,美军攻下日军的最后一块阵地,完全占领关岛。关岛战役共击毙日军 1.8 万余人,俘获 1200 余人,日军第三十一军军长小畑自杀。美军也付出了伤亡 7 千余官兵的代价。

关岛的得失,对太平洋战场有重要影响,日军大本营规定的"绝对国防圈"由于关岛的丧失而面临崩溃，美军获得了在中太平洋上继续进军的前进基地，军机可以从关岛上的大型机场起飞，轰炸在西太平洋的日军基地，甚至日本本土上的目标。

10月，美军进攻菲律宾，迫使日军从马尼拉败退。日本在太平洋上的南北交通运输线陷入困境，过往船只多被击毁。至1945年的3月，日军在太平洋的运输线几乎中断。此时，冲绳岛在日本本土防御中的地位更加突出，冲绳岛一旦失守，不仅日本通往东南亚的海上交通线将被彻底切断，日本本土也将随时受到美军轰炸。日军大本营将冲绳作为本土的最重要防线，由第三十二军军长牛岛满指挥约10万重兵把守，并加紧修筑防御工事。同时，在岛上与周边部署了大量军舰与战机。

美军确定要将冲绳岛当作进攻日本本土的跳板，早在1944年底就制定了作战计划。1945年4月1日，美军正式实施对冲绳岛的登陆作战。为了减少登陆作战的困难，美国军机事先已对岛屿周边的日军基地及日本本土进行了密集的轰炸。美军顺利登陆后，立即建立前进基地，稳扎稳打。日本海军联合舰队赶往冲绳增援，并试图与美国海军决战，却被有强力空军支持的美国舰队击溃。从4月初到6月中旬，双方在陆地与海面上鏖战了两个半月，日军虽然顽强，且组织多次反攻，无奈抵挡不住美军的强大火力，至6月22日，美军突破日军最后的南部防线，基本占领冲绳全岛，牛岛满及其参谋长剖腹自杀。此役，战况惨烈，冲绳岛成了"绞肉机"。守卫冲绳的日军死亡10万余人，被俘近万人。美

军的损失也惨重,共伤亡 3 万余官兵,包括第十集团军司令
巴克纳中将,他是太平洋战场上美军殉职职务最高的将领。

图 4-2　冲绳作战中的美军士兵

冲绳岛有日本"国门"之称,攻下冲绳被称为是"破门之
战"。冲绳战役是美日两军在太平洋岛屿作战中规模最大、
时间最长、双方损失最重的一次战役,也是最后一次大战。
美军占领冲绳后,利用这里的空军基地,日本本土被置于直
接攻击的范围内。此后,美军对日本的大城市、港口和一些
重要的中小城市进行毫不留情的反复轰炸,日本几无还手之
力,其空军基地、港口、铁路与工厂均损失惨重。

日本军部的顽固与军人的顽强,使美国意识到,日本虽
然必将被打败,但亚洲太平洋战场依然严峻,前往东京尚有
一段艰难与漫长的道路,美国必须准备从事长期与代价极大
的战斗,尤其是美国官兵的牺牲。为了迅速打败日本侵略

者,美国总统罗斯福一直希望苏联出兵共同打击日本。斯大林明确表示,打败日本对于苏联有着重要意义,但在彻底击败德国之前,苏联无可能对日本开战。罗斯福 1944 年 7 月致函斯大林,希望再次举行美、英、苏三国首脑会议,斯大林以要亲自指挥苏军对德作战为由婉拒。1945 年 2 月,美、英再次提出召开三国首脑会议,商讨打败德国后对欧洲的权力分配与打败日本等问题,苏联同意。

关于会议地点,英国首相丘吉尔希望在地中海上进行,罗斯福总统行动不便,也不想长途飞行。然而,斯大林坚持会议必须在苏联境内进行,且提议在克里米亚半岛上的雅尔塔行宫开会。最后,英、美迁就苏联,罗斯福不得不远涉重洋赴会。

1945 年 2 月 4 日至 11 日,三国首脑会议在雅尔塔举行,商讨迅速结束战争的有关事宜。三国首脑在雅尔塔会议上讨论并通过了关于击败德国、消灭德国法西斯主义、惩办战犯等问题的决议。会议期间,罗斯福和斯大林单独讨论对日作战问题,美国希望苏联尽早参战。斯大林趁机提出一系列条件,并对罗斯福说,如果他的条件不能满足,他就很难向苏联人民解释为什么必须同日本作战。罗斯福、丘吉尔为争取苏联军队尽早参加对日作战,经过讨价还价后,答应了斯大林提出的条件,三人签署了《关于苏联参加对日作战之协定》,史称《雅尔塔协定》。根据协定,苏联同意在结束欧洲作战后,尽快投入对日作战,但英美必须保障苏联的如下要求:外蒙古(蒙古人民共和国)之现状应予维持;苏联恢复在 1904年日俄战争中失去的权益,包括库页岛南部及其附属岛屿将交还苏联;大连商港将改建为国际港口,并保障苏联在该港口内之各项特殊权益,恢复苏联对旅顺港海军基地之租借;中东铁路以及通往大连之南满铁路,将由中国及苏联合组之机构共同经营等。罗斯福与斯大林还约定,涉及苏联对中国权益要求的有关内容,暂时对中国"保密"。

雅尔塔会议的召开,对推进反法西斯战争起了积极作用,但苏、美两国从各自利益出发,以另一个"盟国"中国的领土主权作为讨价还价的筹码,对中国的伤害很大。欧战结束后,苏联面对美国的敦促,一再表示能否参加对日作战,还要取决于中国方面是否愿意接受雅尔塔协定中苏联的要求,要挟美国压迫中国接受严重损害中国主权的秘密协定。中国作为战时贡献很大的盟国,在战争即将结束时却成为大国外交中的牺牲品。国力使然,可叹。

二、中国战场的反攻

时任副参谋总长的白崇禧总结了桂柳反攻战胜利的 4 条原因:1)此次反攻桂柳作战,我采攻势,精神上已胜敌一等。自湘西会战胜利,我士气更加百倍。2)我陆军多数得美械装备,火力增强,后勤改善,补给充实,诚所谓"士饱马腾"。3)中美空军在战役中,支援陆军攻势,此亦制胜之一大原因。4)广西全省民众,凡适龄壮丁均经军事训练,故国军发动攻势后,各地民团与绥署部队,均能密切与国军共同作战,发挥全面战之威力,增加声势与实力不少。

1. 中国军队参与反攻缅甸

1943 年 9 月,意大利海军在地中海海战中向盟军投降,法西斯轴心国最弱的一环率先土崩瓦解,美、英方开始将更多的力量转移到西南太平洋战场。鉴于中国战场在对日反攻全盘战局中的重要性,美、英最初的设想是修筑一条由印度列多向东延伸至中国云南的公路,打破日本的封锁,夺回日军在缅北的军事要地密支那,进而增加对中国的战略物资援助。

1943 年 11 月,英军在蒙巴顿将军指挥下从印缅边境的中部、南部向日军施压,中国战区参谋长史迪威指挥中国驻印军 3 个师及少量美军从印度向缅北发起进攻,第二次缅甸战役打响。由于同盟国阵营内部意见分歧,美、英两国不愿出动海军从海上进攻缅甸,中国开始也未下令集结在云南境内的十余师部队入缅作战。

第二次缅甸战役初期,盟军在战场局面上不占优势,反而在日军的凌厉攻势下险象环生。直到 1944 年 5 月中旬,云南境内的大批中国军队渡过怒江,向滇西腾冲、龙陵一带的日军发起进攻。与此同时,中国驻印军攻下缅北密支那机场,形势转佳,蒋介石决定再派 3 个师陆军加入龙腾之战。正是中国军队在缅甸东北部加入战斗,使得印缅边境的日军倍感压力,战局发生逆转。

1944 年 6 月初,印缅边境的日军被迫从科伊马开始撤退。盟军一举收复科伊马—印普哈公路,进入印普哈平原,日军在该地区的作战计划完全失败。随即,日军决定在缅北取守势,转而将作战重点指向滇西中国军队,竭力反扑。中国军队经过几个月的苦战,到9月完全击溃盘踞在松山、腾冲一带的日军。11月初,被中国军队三面包围的日军被迫放弃龙陵,向缅北溃退。12月,中国军队攻克芒市、遮放以后,迅速攻击中缅边境重镇畹町。1945年1月下旬,中国军队克复畹町,日军向南突围。1月27日,滇西中国军队与中国驻印军在缅甸境内芒友会师,打通中印公路,收复滇西沦陷区。

图4-3 参与反攻缅甸的中国军队,装备已明显改善

盟军反攻缅北的任务,主要由经过美式训练的中国驻印军完成。1944年8月,驻印军完全克复密支那,日军向南撤退。日军从缅南抽调兵力增援,企图死守八莫。中国驻印军在攻击八莫的同时,以部分兵力向南坎发起进攻,成功阻击救援八莫的日军。12月15日,日军被迫放弃八莫。1945年1月5日,中国驻印军全线发起总攻,15日攻占南坎。3月8日,中国驻印军克复缅北重镇腊戍。3月30日,中国军队与

英军第三十六师在皎梅会师,缅北作战至此结束。5月5日,英军攻占仰光,缅甸全境克复。

第二次缅甸战役最终以日军的惨败而告终,同盟国军队取得了一场大胜,中国军队担任滇西、缅北战场反攻的主力,居功至伟。反攻滇西、缅北作战,共歼灭日军近5万人,不仅有力地配合了盟军的作战,也使得中国战场的局面大为好转。

2. 湘西会战与桂柳反攻

1945年初,日军组织向湘粤赣边区、豫西鄂北、湘西等地的进攻作战,但已是强弩之末。从春季开始,在太平洋战场节节败退的日军不得不在中国收缩战线,集中应付美军的进攻和可能的苏军压迫。4、5月间,日军大本营先后命令中国派遣军从华中、华南调出4个师团,到华中、华北重要地区集结待命;将湖南、广西、江西的兵力转移到华中、华北;调遣第三十九、第五十九、第六十三、第一一七师团前往"满洲"和朝鲜北部,交由关东军指挥,防备苏联的进攻。正面战场的中国军队加强战备,面对强弩之末的日军,顽强作战并乘势发动反攻,先后取得了湘西会战与柳桂反攻作战的胜利,还渐次收复了在闽、浙、赣等省的失地。正面战场的局面好转。

1945年4月,驻湖南日军集中兵力发动对湖南西部的进攻作战,这是侵华日军在中国战场的最后一次大规模进攻作战,中方称为"湘西会战"或"雪峰山战役",日方称为"芷江作战"。

豫湘桂战役后,日军占领了湖南的大部地区,湘西便成为中国军队阻敌深入、保卫战时首都重庆和大西南的第一道屏障,成为中日两军的必争之地。同时,湘西是中国的军事基地,芷江机场是中国重要的空军后方基地,是盟军在远东的第二大机场。1943年美军第十四航空队进驻芷江,从芷江起飞的中美空军不断攻击日军的后方补给线,打破了日军的空中优势地位,并威胁到日本本土。为此,日军策划进攻芷江,目的在于摧毁芷江机场。中国军事当局在豫湘桂惨败后,在昆明设立陆军司令部,统一指挥西南各部队,并利用美援物资整训军队,中国军队的士气与装备均有提升,一面准备联合盟军,阻止日军再度西进,一面准备反攻。对日军发动的进攻,有较充分的预判与准备。

4月上旬,侵华日军在第二十军司令官坂西一郎中将统一指挥下,采取分进合击的战术,从五个方向合围芷江。日军共出动5个师团,外加2个旅团,兵力8万以上,战机130余架。中国军队则以9个军26个师的强大兵力,分兵把守各战略要点,围绕雪峰山的有利地形,且战且退,诱敌深入,准备以主力在新宁、武冈间与日军决战。为保证胜利,还将在缅北作战的新六军空运到芷江参加总攻作战。

4月9日,日军率先攻击蓝田,挑起战事。中国守军发现日军尚未集结完毕,毅然决定组织精兵进行反攻,日军猝不及防,连续增兵后才稳住阵脚。一周后,中国军队有序撤退,待日军主力渡过资水时,用重炮予以猛轰,同时出动空军扫射日军还在渡河的部队,日军小船木筏在中美空军的扫射下,伤亡惨重,过河部队难以集结。在中心战场武阳、武冈等处,中国军队奋力作战。武冈之战,中国仅一个营的守军,用老百姓提供的糯米配合三合土构筑一道核心防线,坚硬无比,日军枪炮难以奏效,官兵与拥有坦克重炮的数倍之敌血战7天7夜,最后与援军里应外合,击溃日军,力保千年古城武冈不失。

激战至5月初,中方扛过了日军的疯狂进攻,还将敌军主力阻隔于各处,使其无法集中使用,决定乘势转入全线反击作战。与此同时,日军内部也对继续作战还是撤兵产生了分歧。5月1日,中国军队开始试探性反攻,军心涣散的日军战斗力下降,稍触即退。6日,日军截获中方总反击的作战命令,十分震惊。10日,坂西一郎下令停止芷江作战,各部撤出战场。日军的撤退过程非常艰难,遭到中国军队的围追歼灭,丢盔弃甲,狼狈不堪。5月下旬,日军为顺利撤退,猛攻芙蓉山的狮子山高地,防守狮子山的中国1个连的士兵凭着有利地形与坚固工事抵抗。日军利用火炮的优势,猛烈轰击,反复冲锋10次,双方展开白刃战,日军仍未得逞。此后,中国追击部队赶到,腹背受敌的日军向后方溃退。中国军队紧追不舍,日军士兵只得跳水逃生,被淹死和在水中被击毙的有近百人。至6月1日,日军撤退至资水一线。

长达55天的湘西会战以日军失败告终。此役,日军伤亡2.7万人(其中死亡1.2万余),中国军队缴获迫击炮43门,榴弹炮13门,山炮5门及无数枪械。中国军队伤亡2万余人(其中阵亡7817人)。中国军队不仅取得作战胜利,官兵的死亡人数仅为日军的三分之二,这在整个抗日战争中都是少见的战例。

湘西会战挫败了日军企图占领中国芷江空军机场的阴

谋,是中国战场从防御转入进攻的转折点。作战中,中美空军发挥了空中优势,对日军的部队及后方补给线进行了轰炸,有力地支援了地面作战。湖南民众在人力、物力上对作战提供了全力支持,特别是湘西一带共产党领导的抗日游击队给予了密切配合。如武冈县共产党员萧健所领导的抗日自卫队,于 1945 年 5 月配合正规军夹击三角坳日军主阵地,共同毙敌近千人。

图 4-4　湘西会战中被俘后垂头丧气的日本兵

更有意义的是,日军损兵折将未能攻下的芷江,两个多月后,却成为日军洽商投降的地点。1945 年 8 月 21 日,侵华日军副总参谋长今井武夫到达芷江,与中国陆军高级参谋人员经过 52 个小时的商谈,确定了侵华日军向中国军民投降的所有事宜,交出了日军在华兵力分布图,并在投降时的注意事项备忘录上签字。

如果说湘西会战是中国军队成功击退日军进攻的反击作战,那么桂柳反攻则是中国军队主动的军事反攻。

1945年4月,日本大本营下令收缩战线,将华南驻军向华北、华中的重要地点集结。中方决定抓住这一时机,集中优势兵力,发起桂柳反攻作战。5月27日,中国军队迅速进击,并一举收复南宁。日军大部向柳州撤退,中国军队乘胜追击,向柳州东南迂回攻击前进。6月14日,在与日军反复拉锯后,成功收复宜山。先头部队于6月中旬迫近柳州,随后到达的友军对柳州形成合围会攻之势;30日,中国军队胜利收复柳州。

此后,中国军队分三路沿桂柳公路和湘桂铁路向桂林并进,日军败退至永福,凭险顽抗,7月24日,中国军队攻克永福。中国军队从三面将桂林围困,发起总攻,27日收复桂林,并继续向东追击,收复失地。后日本宣布投降,作战遂告结束。

桂柳反攻作战是抗日正面战场的最后一次大战役,经过一个多月激战,中国军队先后收复南宁、桂林、柳州等重要城市及交通线,将战线向前推进了350公里,共击毙击伤日军近万人(其中击毙近4000人)。作战过程中,日军士气低落,已无咄咄逼人之势。

3. 敌后战场的全面反攻与中共七大

1943年夏秋之交,中共领导的敌后抗日武装先后向日伪军发起局部反攻。自1944年起,各抗日根据地更利用日军抽调各地兵力集中进行打通"大陆交通线"作战,敌后兵力空虚的时机,连续开展局部反攻。

在华北地区,八路军晋冀鲁豫部队在1944年的作战中,歼灭日伪军6万余,收复县城11座,让日军惊呼"华北治安情况恶化";1945年又连续发动春夏攻势作战,歼灭日伪军3万7千余,收复县城20余座。八路军晋察冀部队在1944年的作战中,收复了蓟县、平谷三河之间的大片国土,逼近北平、天津近郊;1945年的春季攻势中,又收复多座县城。八路军的晋绥部队在1944年的作战中,收复3000余村庄,解放40万人口,1945年,再度发动春季与夏季攻势。八路军山东部队在1944年的作战中,收复9座县城,解放人口930万,其中在3月发起的讨伐伪军吴化文部作战中,歼灭其部伪军7000余人。

在华中地区,新四军于1944年3月赢得车桥战役的胜利,打乱了日伪"清乡"计划,展开了局部反攻。1945年,新四军集中兵力向敌人防守的薄弱据点与交通线进攻,在苏北组织了阜宁战役,在苏中进行了本垛伏击战,予日伪军以痛击。新四军的主力与地方部队发展到31万余人,民兵发展到近百万。

华南人民抗日游击队也纷纷出击,壮大抗日武装,牵制日军。日军占领河南后,河南大部地区成为敌后,八路军、新四军各有一部奉中共中央指示,开赴该区域,经过半年多的艰苦作战,先后开辟了豫西、豫东与豫皖苏边三块抗日根据地,打通了华北与华中的联系。

在抗日战争与世界反法西斯战争胜利前夕,国共两党都举行了全国代表大会,进行部署。

1945年4月23日至6月11日,中国共产党第七次全国代表大会在延安召开。毛泽东在七大开幕式发表题为《两个中国之命运》的开幕词,提出:我们的任务不是别的,就是放手发动群众,壮大人民力量,团结全国一切可以团结的力量,在我们党领导之下,为着打败日本侵略者,建设一个光明的新中国,建设一个独立的、自由的、民主的、统一的、富强的新中国而奋斗。

毛泽东向大会提交了《论联合政府》的书面政治报告,并就报告中的一些问题作了长篇口头报告。朱德作《论解放区战场》的军事报告和关于讨论军事问题的结论,刘少奇作《关于修改党章的报告》和关于讨论组织问题的结论,周恩来作《论统一战线》的重要讲话。

中共七大确定了党的政治路线,即"放手发动群众,壮大人民力量,在我党的领导下,打败日本侵略者,解放全国人民,建立一个新民主主义的中国"。这条政治路线阐明了全党全国人民的奋斗目标是打败日本侵略者,建立一个新民主主义的中国;阐明了为实现这一奋斗目标,就要放手发动群众,壮大人民力量;阐明了加强党的领导是革命取得胜利的关键。

七大是中国共产党在新民主主义革命时期极其重要的一次、也是最后一次全国代表大会。它在延安整风的基础上,总结中国新民主主义革命20多年曲折发展的历史经验,制定了正确的路线、纲领和策略,从而使全党在马克思列宁主义、毛泽东思想的基础上达到了空前的团结。它为党领导人民去争取抗日战争的胜利和新民主主义革命在全国的胜利,奠定了政治上、思想上和组织上的深厚基础。七大另一个重大成果,是确立毛泽东思想为全党的指导思想,并写入党章。

图 4-5 中共七大会场

差不多同时，中国国民党于 1945 年 5 月 5 日至 21 日在重庆召开了第六次全国代表大会。会议的正式代表 600 人，列席代表 162 人。国民党总裁蒋介石主持开幕式并致词，宣布本次大会有三项任务：加强战斗力量，争取抗战胜利；确定实施宪政，完成革命建国大业；增进人民生活，贯彻革命终极目标。

大会听取了吴铁城的党务报告、吴鼎昌的政治报告、程潜的军事报告、白崇禧的续军事报告、翁文灏的经济报告、潘公展的特种问题报告、何应钦的中国陆军总司令部组织情形及湘西战役经过报告，以及几个省的党务报告。大会通过的主要议案有：关于政治报告、党务报告、军事报告、外交报告的决议案，《土地政策纲领》、《农民政策纲领》、《促进宪政实施各种必要措施案》、《确立民生主义的经济建设纲领案》、《对中共问题之决议案》等。

大会拒绝中共提出的"联合政府"的建国方案；通过了

《关于国民大会召集日期案》，决定于 1945 年 11 月 12 日召开国民大会，实施宪政，"还政于民"。

对中共问题，潘公展在"特别报告"中称："与中共的斗争无法妥协。今日之急务，在于团结本党，建立对中共斗争之体系，即创造斗争的优势与环境。当前对中共之争论，应集中于反驳联合政府，反驳抗日战争中有两条路线的论调，反驳中共具体纲领，与反对解放区人民代表大会。"

最后，大会通过了《中国国民党党章》并选举中央领导机构，大会以代表"起立方式"推选蒋介石为总裁，选出六届中央委员会 222 人、候补中央执行委员 90 人，中央监察委员 104 人、候补中央监察委员 44 人，组成第六届中央执行委员会和监察委员会。

两党的全国代表大会，对于抗日战争的最后胜利坚信不疑，但对于抗日战争胜利具体时间的判断，国共两党的领袖均有误判，他们认为，美国将通过一场大决战来最终击败日本。国民党六全大会期间，传来欧洲战场盟军击败德国法西斯的胜利消息，大会通过的《对于军事报告之决议案》中对抗战军事形势的判断是："今者轴心德、意皆已败亡，欧洲战事业已结束，日寇之海军、空军受盟军之不断攻击，损失殆尽，其覆灭亦在指顾之间。惟敌人陆军残存于我国战场者，尚有二百万人，今后驱除敌寇，完成胜利，犹待吾人加倍之努力。"中共七大后，毛泽东对国内外形势的判断，认为"日、美决战当在明年夏季以后"，尚有一年至一年半以上的时间来准备战后布局。

三、日本投降与抗日战争的伟大胜利

1945 年 8 月 15 日,新华社综合路透社等多个消息来源播出急电,发布了日本正式宣布无条件投降的消息。

消息传开,延安城沸腾了! 干部、群众、战士、学生们都自发举着火把涌上街头,扭秧歌、敲锣鼓,延安变成不夜城。"日本投降了!""我们胜利了!"有位拄着拐杖的荣誉军人吃力地高喊:"八年啦,我的血没有白流!"一位卖瓜果的小贩,把筐子里的桃、梨抛掷向空中,高呼"不要钱的胜利果,请大家自由吃呀!"

是夜,延安城的庆祝活动通宵达旦,灯火彻夜通明,美军观察组也加入进来。朱德总司令在王家坪八路军总部举行盛大夜宴,招待在延安的国际友人,庆祝中国抗日战争的伟大胜利。

1. 日本投降

在欧洲战场打败德国法西斯后,7 月 17 日起,美国、苏联与英国的领导人杜鲁门、斯大林、丘吉尔在德国的波茨坦举行了会议,讨论战后欧洲、对日作战等重要问题。苏联表示,将在欧洲战场胜利后 3 个月内作战。会议通过了迫使日本尽早投降的《波茨坦公告》,并于 7 月 26 日以中、美、英三国的名义发表。《波茨坦公告》要求日本政府立即宣布日本的武装部队无条件投降,否则"日本即将迅速完全毁灭"。公告

还重申了《开罗宣言》的内容,即日本的主权限于本州、北海道、九州、四国等,保证了中国在胜利后收回日本非法占领的台湾、澎湖列岛、东北等地的权利。《波茨坦公告》的发布,敲响了日本失败的丧钟,极大地鼓舞了中国抗战军民的士气。

日本在节节败退之时,已经感到盟军必将进攻日本本土,制定了本土作战的计划,名为《"决号"作战准备纲领》。在此作战纲领中,日军占领下的中国领土也被纳入"本土"作战的区域。6月8日,日本御前会议通过《战争指导的基本大纲》,作为"本土决战"的基本政策,表示要以"誓死尽忠"的信念为动力,坚决把战争进行到底,以"维护国体,保卫皇土"。当局甚至要求,要以"事不成则剖腹"的责任感,来保证"本土决战"的成功。日本虽然下了最大决心来实施"本土决战",无奈其在各处均吃败仗,兵员不济,物资匮乏,"本土决战"的实施并不如意。

在中国战场方面,中国派遣军总司令冈村宁次认为中国军队战力下降,向大本营建议倾力进攻四川,给中国军致命一击,但大本营方面认为中国军队在盟军帮助下战力增强,特别是延安方面对日本占领区的活动越来越强,否定了冈村宁次的计划。这反映了战争末期日本在华军事部署上的矛盾:一方面幻想用优势兵力给中国军队致命一击,另一方面为应付"本土决战"而不得不收缩战线。5月底,日本大本营命令在华日军必须撤出华南的占领区,将兵力集中于华北、华中,并准备对苏作战,策应"本土决战"。

日本无视《波茨坦公告》的明确警告,首相铃木贯太郎7月30日表示:"本国政府……除了完全不予理睬,并坚决把战争进行到胜利结束以外,别无他途。"日本的态度,激怒了盟国。美国杜鲁门总统于同一天下达命令,授权美军8月3日以后,在日本的广岛、小仓、长崎等城市中选择一个目标,投掷原子弹,给日本致命一击,尽早结束战争。

美国制造原子弹的"曼哈顿工程",是在太平洋战争爆发后即开始实施的。此一高度机密的工程直属美国总统领导,组织了罗伯特·奥本海默等一大批世界一流的科学家参与。1945年7月16日,人类首次原子弹爆炸在美国试验成功。杜鲁门总统决定将刚试验成功的原子弹用于日本,是基于以下3个考虑:一是减少伤亡。当时美国军方估计,如果与日军本土决战,将损失20万以上的美军官兵(有人甚至估计将多达100万)。二是对日本施加最后的压力。针对日本打算拖延时间,拒绝《波茨坦公告》以争取有条件投降的企图,美国军方认为必须选择一个有军事、政治双重价值的大城市使用原子弹,给日本民众与最高决策当局造成心理震慑,击溃其意志。三是威慑苏联和其他国家。美国为了成为二次世界大战的胜利者,赶在苏联参加对日作战之前使用原子弹,以争取日后在东亚问题上掌握主动权。

1945年8月6日上午,3架美国B-29军机飞抵日本广岛上空。广岛是日军南方司令部所在地,集结了实力可观的防御部队。已习惯美军空袭的广岛市民并未进入防空洞,反而仰望美机,不知巨大的灾难会马上降临。突然,美军飞机俯冲下来,投下一颗5吨重的原子弹。原子弹在接近地面时爆炸,广岛市中心上空随即发生震耳欲聋的大爆炸,顷刻之间,卷起巨大的蘑菇状烟云,广岛市瞬间沦为焦热的火海,建筑物化为灰烬，民众死伤惨重。当时广岛人口为 34 余万，当日死亡 8.8 万人，受伤与失踪者为 5.1 万人；全市近 8 万幢建筑物中，完全被毁坏的近 5 万幢。杜鲁门随即发表声明，要求日本赶快接受《波茨坦公告》，以免再遭原子弹打击。

图 4-6　广岛遭原子弹轰炸后的惨状

日本当局在沉重的打击之下，竭力掩盖真相，仍对民众隐瞒了美国人使用核武器的消息，对外宣称是有一枚陨石陨落在广岛市，不准使用"原子弹"一词。8 月 9 日上午，美国军机再次在日本重要的工业中心长崎投下另一颗原子弹。长崎被夷为平地，27 万人口中，当日有 6 万余人死亡。美军投下大量传单，宣称日本再不投降，将会遭到更多的原子弹轰炸，直至彻底毁灭（其实，当时美国只制造出两颗原子弹）！

两颗原子弹确实加速了日本的投降，但正如英国首相丘吉尔所说，认为"原子弹决定了日本命运的观点是错误的"。

日本的无条件投降是反法西斯盟国共同浴血奋战的结果，中国在这一过程中发挥了重要作用。

正在与中国谈判，本拟在签约之后再出兵对日作战的苏联，得到美国投掷原子弹的消息，不待谈判结束，立即出兵中国。百万苏联红军于8月9日以摧枯拉朽之势分三路向中国东北进军。号称日军精锐部队的关东军，此时虽有近80万人，但战力严重衰退，在苏军的攻势面前，节节败退。在获悉天皇8月15日"停战诏书"的内容后，日本关东军总司令于18日下达了停战与解除武装的命令，宣布投降。最后，关东军向苏军投降的官兵有近60万。日本扶植下的傀儡政权"满洲国"也随之倒台，傀儡皇帝溥仪准备逃往日本时，在机场被苏军俘虏。

苏联红军参战，加速了关东军的失败，东北全境得以解放。8月14日在苏军进入中国后签订的《中苏友好同盟条约》，基本满足了苏联在《雅尔塔协定》中提出的对华要求。

在日本投降之前，中国的正面战场已从华南开始反击，6月底收复柳州，并制定了收复广州的计划，相关部队尚在陆续进入预备地区之时，日本宣布无条件投降。

8月9日，毛泽东发表了《对日寇的最后一战》，号召全国抗战军民举行大规模反攻。10日起，延安总部连续发出了7道命令，限令日军向八路军、新四军投降，解放区军民发起大反攻。

败局已定的日本最高统治者，不得不召开御前会议，讨论战败投降事宜，最后决定在保存天皇体制的条件下，接受《波茨坦公告》。此决定在8月10日由外务省通过瑞士等中立国向中美英苏四国转达,消息迅速传遍世界。盟军继续敦促日本尽速投降,否则将对其本土进行"总攻击"。日本国内顽固的好战分子叫嚣绝对不投降。8月14日,天皇再次召开御前会议,认为如果继续战争,则日本将被毁灭,一无所有,而如果停战,则"将来发展的根基仍存"。15日,天皇向全国播音,宣布日本投降以结束战争。8月18日,日本大本营命令所有部队"停止使用一切武力",无条件向盟国军队投降。

中国抗日军民在8月10日得到日本接受《波茨坦公告》的消息,重庆与延安的大街小巷响起庆祝的鞭炮。8月15日,日本宣布无条件投降后,蒋介石发表《抗战胜利告全国军民及全世界人士书》,宣告:"我们的抗战,今天是胜利了,'正义必然胜过强权'的真理,终于得到了他最后的证明。……我们中国在黑暗和绝望的时期中,八年奋斗的信念,今天才得到了实现。……要感谢我们全国抗战以来忠勇牺牲的军民先烈,要感谢我们为正义和平而共同作战的盟友。"

2. 中国战区的受降

战后受降,是对战争成果的最终肯定,是极其重要的仪式。

据侵华日军最高指挥官、中国派遣军总司令冈村宁次回忆,停战之时,中国派遣军的兵力,约为105万,还在积极备战。一些高级将领已经感觉到会战败,但日本会在本土和中国沿岸,再组织一两次大决战,争取在比较有利的情况下与盟国"讲和"。而中下级官兵,因受到日本舆论宣传影响,不了解大势,还认为日本胜利在望。在这样的心情下,突然听到 8 月 15 日天皇的"终战"广播,大为震惊,目瞪口呆。有人甚至错觉为天皇是"让他们更加努力进行奋战"。但最后,侵华日军不得不接受战败的事实,放下武器,准备向中国方面投降。

日本投降后,盟军规定中国战区的受降范围是中国本土(东北除外)、台湾与越南北纬 16 度以北地区。蒋介石任命何应钦为中国战区受降主官,日军投降代表为中国派遣军总司令冈村宁次,当时在中国受降区的日军有 128 余万,伪军 60 余万。蒋介石电令冈村宁次派出代表,接受指示,筹备受降各项工作。中国战区受降的重要进展如下:

8 月 21 日,日本投降使节、中国派遣军副总参谋长今井武夫一行,遵照中方的命令,飞抵湖南芷江,接受何应钦的指示,准备投降。中国战区的正式受降地点设在南京。

8 月 21 日,蒋介石将中国战区划分成 15 个受降区,其中中国本土 13 个,台湾与越南北方单独设立,卢汉任越南北方受降主官,陈仪为台湾方面受降主官,负责接受台湾及澎湖列岛。

9 月 2 日上午,日本向盟国的投降仪式在停泊在东京湾的美国军舰"密苏里"号上进行,美国、中国、英国、苏联、法国和荷兰、澳大利亚、加拿大、新西兰的全权代表出席,中国战区代表为军令部长徐永昌将军。日本政府代表重光葵、大本营代表梅津美治郎在投降书上签字,接受《波茨坦公告》。九国代表在日本投降书上签字,确认接受日本投降,投降书即刻宣告生效。至此,世界反法西斯战争胜利落幕,中国人民的抗日战争取得彻底的胜利。

图 4-7 日本向盟国投降

9 月 3 日,国民政府下令举国庆祝抗战胜利,放假一天,并定每年 9 月 3 日为"抗战胜利纪念日"。当天,重庆举行了盛大的游行检阅活动。2014 年 2 月 27 日,十二届全国人大常委会第七次会议经表决通过了关于确定中国人民抗日战争胜利纪念日的决定,确定每年 9 月 3 日为中国人民抗日战争胜利纪念日。

1945 年 9 月 9 日,中国战区日本投降签字典礼在南京举行。当天,南京城披上节日的盛装,到处张灯结彩,主要街道均用松柏树扎起彩色牌楼,人们像过节一样兴高采烈。签字典礼的地点选在中央军校礼堂,会场庄严肃穆,戒备森严。参加典礼的有中国战区受降主官、陆军总司令何应钦及中方军政要人,美国、英国、法国、加拿大、苏联、澳大利亚等同盟国家的军官也应邀出席,整个会场的中外观礼官员共计 400

余人。日本投降代表、驻华日军最高指挥官冈村宁次到达受降现场,投降的日本将领个个灰头土脸,失魂落魄。

图 4-8　中国战区受降仪式

上午 9 时,庄严的典礼开始,何应钦命令将中日文的日军投降书交给冈村宁次。曾经在中国不可一世的冈村宁次,在盟军代表、中外记者的见证之下,在投降书上签字、盖章,呈交中国代表,冈村宁次还向中方交出随身的佩刀,以表示侵华日军正式向中国缴械投降。典礼结束,冈村宁次等日方投降代表退席,何应钦发表简短讲话:"中国战区日军投降签字,已于本日上午九时,在南京顺利完成。这是中国历史上最有意义的一个日子,这是八年抗战艰苦奋斗的结果。"

台湾受降。1895 年甲午战争后,台湾沦为日本的殖民地。光复被日本占据 50 年的台湾,是抗日战争的重要成果。早在 1943 年 3 月,国民政府就开始筹划台湾光复事宜。1944 年 4 月,蒋介石下令在国民党内成立台湾调查委员会,作为具体负责准备光复台湾的职能机构。

台湾地区的受降与其他地区不同,日本在台湾实行了50年的殖民统治,投降时驻台日军仍有20万之多,有相当的作战实力,且台湾受降区内居住生活着数十万日本侨民。国民党对台湾受降十分重视,专门召开会议研究,任命曾留学日本且谙熟日本法律政事的陈仪为台湾省行政长官公署长官,具体负责台湾接收工作。

10月1日,空军军机奉命飞往台北,并在台北升起中华民国国旗。10月17日,第一批登陆台湾的中国军队乘美国运输舰抵达基隆。台湾民众聚集码头热烈欢迎来自祖国的军人,放鞭炮欢呼。军队进入台北时,数万市民夹道欢呼。

10月25日,台湾地区的受降仪式在台北隆重举行。日本投降代表、驻台湾总督兼第十方面军司令官安藤利吉,接受了中国代表、台湾地区受降主官陈仪的投降命令。安藤利吉在降书上签字盖章后,向陈仪呈上。陈仪审阅无误后,命令日方代表退席,受降仪式完成。陈仪发表广播讲话,正式宣布,在台湾日军已经投降,台湾重新回到中国版图。这标志着因为《马关条约》而被迫为日本占领的台湾,在分离50年后重新回到中国的怀抱,台湾仁人志士艰苦卓绝奋斗的目标得以实现。当天,台北举行了盛大的庆祝胜利与光复游行。10月25日也被定为台湾的“光复节”。

越南受降。越南原系法国殖民地,因在二战时期属于盟军的中国战区,故在划分受降区域时,盟军最高统帅部发布命令,北纬16度以北法属印度支那境内的日本高级指挥官以及所有陆海空军和辅助部队,应向中国方面投降。中国派

图 4-9　台湾光复

遣陆军第一方面军司令官卢汉，率 3 个军约 20 万人入越受降。

1945 年 9 月 28 日，正式受降仪式在河内的总督府举行。总督府的正面楼上，挂着中华民国国旗，在两旁的立柱上，则遍挂中美英苏国旗。在大礼堂的上首，为中国代表、第一方面军司令官卢汉及代表席，下首为日军司令土桥勇逸等人。出席仪式者达五六百人，包括盟军代表、法国代表及越南代表。

上午 10 时，主受降官卢汉根据日军在南京所签降书，宣读了条款,交日军司令土桥勇逸。土桥签字盖章,呈给卢汉后即行退席。卢汉宣读布告,在越南的日本军队正式完成向盟国投降。简短而庄严的仪式至此完成。这一天前来观礼的华侨人数众多,在越华人长期受法国人欺压,终于亲眼看见中国官员的威仪,异常兴奋。

越南受降,是中国在国土之外接受日本投降,充分肯定了中国在亚洲战场上的重要作用,有力地塑造了中国战胜国的形象,扬威域外。

在盟军进行战后受降过程中,中国政府曾一度努力要收回香港的主权,终因英国不肯放弃,美国偏袒英国,而没有成功。中国东北地区的日军受降工作,是由苏联军队主持完成。这是两件很可惜的事情。

抗战胜利,是全国所有抗日武装力量共同努力的结果,中国共产党领导的八路军、新四军与华南抗日武装做出了重要的贡献。但在确定抗战受降时,蒋介石将八路军、新四军完全排除在外,命令八路军、新四军"原地待命",并不许日军向八路军、新四军投降。解放区军民冲破禁令,全面向日军占领地区攻击,取得了不少战果。

3. 东京审判与南京审判

审判、惩罚战争犯罪,是第二次世界大战期间反法西斯盟国的共同意志。对于纳粹德国和日本军国主义者犯下的惨无人道的战争暴行,全世界人民强烈愤慨。战争进行过程中,盟国就多次表示,将在战后严厉惩治战争犯罪,惩办万恶的战争元凶。敦促日本投降的《波茨坦公告》中明确宣布:"对于战罪人犯,包括虐待吾人俘虏在内,将处以法律之裁判。"

　　1945 年 11 月 21 日起,战胜国在德国纽伦堡组织欧洲军事法庭,对列为被告的纳粹德国军政首领 22 人进行数十次军事审判,称为"纽伦堡审判"。

　　1945 年 12 月 6 日,中、美、英、苏四国外长在莫斯科举行会议,决定设立国际军事法庭,审判日本战争罪犯。1946 年 1 月 19 日,盟军最高统帅部发布特别通告,根据莫斯科会议的决定,将在东京设立"远东国际军事法庭"。由于日本发动侵略战争历时多年,罪行累累,战犯人数众多。盟国议定,将所有日本战犯按罪行轻重程度分为甲、乙、丙三级。甲级战犯是指从整体和全局策划、发动和执行侵略的罪犯;乙级战犯是指违反战争法规的现地责任者,即犯违反人道罪;丙级战犯是指违反战争法规的直接执行者,即犯直接责任罪。盟国议定,甲级战犯由东京远东国际军事法庭审判;乙、丙级战犯交由罪行发生所在国家的军事法庭审判。

　　审判日本犯有战争罪的甲级战犯,在日本东京进行,称为"东京审判"。远东国际军事法庭与欧洲军事法庭相类似,由中、英、美、苏、法、澳、荷、加、新(西兰)、印(度)、菲各 1 名共 11 名法官组成。法学家梅汝璈受中国委派,担任中国驻国际法庭法律代表团团长、首席法官,他在法庭上据理力争,表达中国的意志。

　　由 11 国检察官组成的委员会于 1946 年 4 月 29 日向法庭提出起诉书。东京审判的法庭审讯自 1946 年 5 月 3 日开始。被告日本甲级战犯 28 人,有 3 人已死亡或丧失行为能力,实际受审 25 人,均是在日本策划、准备、发动和实施侵略战争中起过重要作用、担负主要责任的人物,对中国、对亚洲甚至是世界犯下滔天罪行。起诉书控告,被告自 1928 年 1 月 1 日至 1945 年 9 月 2 日期间犯有破坏和平罪、战争罪和违反人道罪。

东京审判到 1948 年 11 月 12 日结束,前后持续两年多,共开庭 818 次,有 419 名证人出庭作证,受理证据 4336 份,英文审判记录 48412 页。法庭以无可辩驳的事实揭露了日本政府和军部策划、实施侵略战争以及在战争中犯下的大量罪行,如制造九一八事变、南京大屠杀、残害俘虏等等。东京审判曾专门设立了一个独立的单元进行法庭调查,审理侵华日军的南京大屠杀罪行,特邀请南京大屠杀幸存者尚德义以及美籍教授贝德士(Miner Searle Bates) 等人赴东京,出庭作证。日军犯下的这些骇人听闻的战争丑行被揭露在大庭广众之下。

1948 年 11 月 12 日,远东军事法庭宣布,判处东条英机、广田弘毅、土肥原贤二、板垣征四郎、松井石根、武藤章、木村兵太郎 7 名甲级战犯绞刑,木户幸一等 16 人无期徒刑,东乡茂德 20 年徒刑,重光葵 7 年徒刑。被判绞刑的 7 个罪大恶极之甲级战犯,于 1948 年 12 月 23 日在东京巢鸭监狱执行。

除东京审判外,盟国还在马尼拉、新加坡、仰光、西贡、伯力等地设立法庭,对乙、丙级战犯进行了审判。据统计,被盟国起诉的日本各类战犯总数为 5423 人,被判刑者 4226 人,其中被判处死刑者 941 人。

在抗日战争开始不久,中国就组织过对日军暴行的调查,以便进行清算。抗日战争胜利后,国民政府于 1945 年冬成立了战争罪犯处理委员会。远东国际法庭建立不久,国民政府分别在南京、汉口、广州、沈阳、太原、北平、徐州、上海、

图 4-10　东京审判现场

济南、台北等十地成立"审判战犯军事法庭",审判日本乙级、丙级战犯。其中,最重要的南京"国防部审判战犯军事法庭"(以下称"南京军事法庭")于 1946 年 2 月 15 日成立。南京军事法庭主要审理在侵华战争中犯下罪行的日本战犯,设庭长 1 名,军法检察官 2 名,军法审判官 4 名。

抗日战争胜利后,中国政府在各地共逮捕日本乙、丙级战犯 2300 余人。南京军事法庭向东京远东盟军最高统帅部要求,将制造南京大屠杀的主犯和其他在中国罪大恶极的战犯引渡到中国,由中国法庭进行审判。战犯谷寿夫、田中军吉、向井敏明、野田毅等先后被引渡押解至中国。

1947 年 2 月 6 日,南京军事法庭开庭,公开审判南京大屠杀元凶、原日军第六师团中将师团长谷寿夫。公诉人指控谷寿夫在南京大屠杀中所犯下的暴行,谷寿夫所部攻占南京后,在南京进行了 40 余天的大屠杀,用集体枪杀、活埋、刀劈等残忍手段,杀害 30 万中国军民,烧毁全城三分之一的建筑。法庭对谷寿夫进行多次公审,宣判其"共同纵兵屠杀俘虏及非战斗人员,并强奸、抢劫、破坏财产",犯有危害和平罪、战争罪和违反人道罪,判处死刑。1947 年 4 月 26 日,谷寿夫在南京被执行枪决。

图 4-11　南京军事法庭公审日本战犯

南京军事法庭还公开审判曾以"百人斩"为目标进行"杀人比赛"的日本战犯野田毅、向井敏明,屠杀了 300 余名平民的日本战犯田中军吉,宣判他们犯有战争罪及违反人道罪,判处死刑,枪决执行。

据统计,南京军事法庭先后对酒井隆、谷寿夫、矶谷廉介、向井敏明、野田毅、田中军吉、田中久一等 24 名乙级、丙级日本战犯进行了审判。审判期间,军事法庭在南京 12 个区同时张贴举证公告,鼓励目击者、亲历者站出来作证。共有 1000 多人为 460 起谋杀、强奸、纵火和抢劫案件出庭作证,并在书面陈述上签名、盖章、按指印或画押,保证所有证词属实。侵华日军的南京大屠杀罪行,铁证如山。

从 1945 年 12 月至 1947 年底,中国在广州、北平、台湾等地设立审判战犯军事法庭,审判在侵华战争中犯有严重罪行(主要是在所属地区)的日本乙、丙级战犯。中国各地的军事法庭共受理战犯案件 2435 件,经审判,判处死刑 110 人,无期徒刑 41 人,有期徒刑 167 人。

东京审判与南京审判,通过揭露、批判日本错误的对外侵略国策,惩罚战争犯罪,对日本军国主义的侵略暴行进行总清算,使发动侵略战争、双手沾满各国人民鲜血的罪魁祸首受到应有的惩处,把战争罪犯永远钉在历史的耻辱柱上。东京审判超过了纽伦堡审判,是人类历史上规模最大的审判。

虽然,东京审判与南京审判都有遗憾,如东京审判没有追究日本天皇裕仁的战争责任,对日本在侵略战争中犯下的一些罪行(如生化武器罪行、七三一部队罪行、强征和迫害慰安妇罪行等等)没有彻底地追究;南京审判进行之时,国民党政府出于内战反共的考虑,致使一些日本战犯逃脱了应受的惩处等。但东京审判与南京审判是和平对战争、文明对野蛮、正义对邪恶的一次大审判,其历史功绩值得肯定。

结　语　抗日战争是世界反法西斯战争的重要战场

日本向盟国投降仪式与中国战区受降典礼的举行，标志着世界反法西斯战争与中国全面抗日战争的胜利结束。中华民族胜利了，日本军国主义失败了。进入近代以来，中国屡次遭受外国侵略，中国人民的抗击活动，大多以失败告终。抗日战争是中国百年来第一次取得抗击外国侵略的全面胜利。

日本是中国的近邻，明治维新强国之后，走上了对外扩张的不归路，对中国不断欺凌与侵略：从甲午战争强迫中国割让台湾，对台实行 50 年的殖民统治开始，通过日俄战争在中国东北取得特权、强迫中国接受丧权辱国的"二十一条"、炸死张作霖、制造阻碍中国统一的"济南惨案"、发动九一八事变强占中国东北，侵华的步伐不断加快，直至 1937 年的卢沟桥事件，发动全面侵华战争。中国人民奋起反抗，经过艰苦卓绝的奋斗牺牲，终于取得抗日战争的完全胜利，收回被日本侵略而丧失的所有领土主权，一雪前耻，扬眉吐气。

中国的抗日战争，是世界反法西斯战争的重要组成部分。毛泽东 1939 年 1 月在《论持久战》英译本序言中指出："伟大的中国抗战，不但是中国的事，东方的事，也是世界的事。"第二次世界大战有两大战争策源地：亚洲的日本军国主义与欧洲的德国法西斯。日本军国主义者发动侵略早,祸害大,自 1931 年在中国发动九一八事变得逞后,侵略野心膨胀,"南进派"主张进攻南亚与东南亚地区,将英美等势力赶出太平洋区域,"北上派"主张进攻苏联。中国人民的抗日战争成功牵制了日本在其他地区的侵略行动,中国战场歼灭大量日军有生力量,成为拖住更多日军的汪洋大海,使其无力如期实现全盘的侵略野心。在八年全面抗战中,中国战场共歼灭日军 260 余万,牵制了日本陆军 60％以上的总兵力与大量的海空军。及至战争结束,驻扎在中国东北的关东军始终未敢北上进犯苏联,使得苏联红军可以避免两线作战,全力对抗德军。不仅如此,中国远征军还在缅甸与盟军携手作战,打击敌人,扬威域外。中国的抗日战场,是反法西斯战争所有战场中开始最早、持续时间最长的。中国为世界反法西斯战争的胜利做出了重要的贡献。

图 5-1　毛泽东为抗日战争胜利题词

　　为了赢得战争的胜利,中国人民付出了巨大的牺牲。据不完全统计,1937—1945年的八年全面抗战期间,中国军民伤亡3500万以上(其中军队伤亡380余万),约占世界各国伤亡人数总和的三分之一。按照1937年比价,中国官方财产损失和战争消耗达1000多亿美元,间接经济损失达5000多亿美元。以北平地区为例,全面抗战时期,该地区人口增长因战争等非常因素,减少约49万人,其中,因日军烧杀屠戮,北平地区人口伤亡总数(包括直接、间接伤亡)为17045人,另有60068人确知被日军抓劳工,或被俘虏。日军在中国实施残暴的屠杀与"三光"政策,整个村庄被灭绝的情况也不在少数。

　　中国人民在抗日战争中表现出了空前的觉醒与团结,形成了"抗战精神"。面对日本入侵,中国各党各派捐弃前嫌,尤其是国共两党团结一致抗击强敌,各地方实力派以国家利益为重,开赴前线。各族人民空前团结,协力抗战。前方后方各界本着"一切为了抗战""一切为了胜利"的宗旨,为国牺牲,努力生产,竭诚捐输。妇女儿童也为支援前线而尽力。海外侨胞、港澳同胞与祖国人民血肉相联,捐钱捐物,回国参战。"多难兴邦",中华民族面临亡国灭种的危险关头,真正做到了"人无分老幼,地无分南北",人人为抗战胜利做贡献,团结一致,不怕艰难,不畏牺牲,终于赢得了最后的胜利。

　　中国站在正义的一边,为世界反法西斯战争的胜利做出了重要贡献,中国人民的抗日战争也赢得了世界爱好和平的国家与人民的尊重与支持。白求恩、柯棣华等国际友人,为中华民族的解放事业献出了宝贵的生命。苏联的空军与美国志愿援华航空队的官兵,与中国军民共同奋战。甚至日本被俘士兵都建立"在华日人反战同盟",调转枪口,支持中国人民的反侵略战争。各盟国给予了中国大量军械物资与经济援助。在反法西斯的东方战场上,中国军队与盟军有着密切的合作。在抗日战争中,中国的国际地位空前提高。通过宣战与签订新约等形式,近代以来列强强加在中国的不平等条约基本废除。中国参加了开罗会议,参与了联合国的组建,并成为联合国安全理事会的常任国,是"四大国"之一。

中国人民永远缅怀为国家独立、民族解放做出过贡献的先辈,尤其是那些在抗日战争中为国捐躯的烈士,他们的丰功伟绩,永垂史册。中国人民也不会忘记各国人民对中国抗战提供的支援,缅怀牺牲在中国战场上的各国友人。

中国共产党与中国政府历来重视总结抗日战争的历史经验,强调抗日战争的伟大意义。1995 年、2005 年首都各界两次举行大会,纪念抗日战争暨世界反法西斯战争胜利五十周年、六十周年,江泽民总书记、胡锦涛总书记分别发表重要讲话。进入新时代,习近平总书记更加重视对抗日战争历史的研究,他多次参观抗战史迹与纪念场馆,发表重要指示。2015 年 7 月 30 日,中共中央政治局就中国人民抗日战争的回顾和思考进行第二十五次集体学习。习近平总书记指出,长期以来,对中国人民抗日战争的研究,已做了大量工作,取得了许多重要成果,但是"同中国人民抗日战争的历史地位和历史意义相比,同这场战争对中华民族和世界的影响相比,我们的抗战研究还远远不够,要继续进行深入系统的研究"。对于未来的抗战史研究,习近平指示:"要坚持用唯物史观来认识和记述历史,把历史结论建立在翔实准确的史料支撑和深入细致的研究分析的基础之上。要坚持正确方向、把握正确导向,准确把握中国人民抗日战争的历史进程、主流、本质,正确评价重大事件、重要党派、重要人物。要从总体上把握局部抗战和全国性抗战、正面战场和敌后战场、中国人民抗日战争和世界反法西斯战争等重大关系。我们不仅要研究七七事变后全面抗战 8 年的历史,而且要注重研究九一八事变后 14 年抗战的历史,14 年要贯通下来统一研究。要以事实批驳歪曲历史、否认和美化侵略战争的错误言论。"

2015 年 9 月 3 日,中国人民抗日战争暨世界反法西斯战争胜利 70 周年纪念大会在天安门广场举行,并举行了盛大的阅兵仪式。中共中央总书记、国家主席、中央军委主席习近平在纪念大会上发表重要讲话。习近平指出:

中国人民抗日战争和世界反法西斯战争,是正义和邪恶、光明和黑暗、进步和反动的大决战。在那场惨烈的战争中,中国人民抗日战争开始时间最早、持续时间最长。面对侵略者,中华儿女不屈不挠、浴血奋战,彻底打败了日本军国主义侵略者,捍卫了中华民族 5000 多年发展的文明成果,捍卫了人类和平事业,铸就了战争史上的奇观、中华民族的壮举。

中国人民抗日战争胜利,是近代以来中国抗击外敌入侵的第一次完全胜利。这一伟大胜利,彻底粉碎了日本军国主义殖民奴役中国的图谋,洗刷了近代以来中国抗击外来侵略屡战屡败的民族耻辱。这一伟大胜利,重新确立了中国在世界上的大国地位,使中国人民赢得了世界爱好和平人民的尊敬。这一伟大胜利,开辟了中华民族伟大复兴的光明前景,开启了古老中国凤凰涅槃、浴火重生的新征程。

本书主旨,是通过史实揭示抗战为什么能赢与怎么赢。读者阅罢本书,心中自有答案。日本发动侵华战争之时,猖獗嚣张,不可一世,积贫积弱的中国处于被动挨打的境地。然而,中国人民经过 14 年艰苦卓绝的抗日战争,最终打败了强大的侵略者。抗战能够赢的原因很多,最重要的是两条:在内部,是全体中国人民团结在抗日民族统一战线的旗帜下,不屈不挠;在外部,是世界反法西斯统一战线的形成,中国抗日战场成为世界反法西斯战场的一部分。

前事不忘,后事之师。我们回顾抗日战争的历史,要弘扬全民族万众一心、同仇敌忾、不畏牺牲、争取胜利的抗战精神,牢记当今国家的和平来之不易,中华民族的振兴,还有很长的路要走,有很多的事要做。人民的幸福与国家的强盛是我们的目标,每个中国人都要为此贡献自己的力量。

主要参考文献

毕克官:《叶浅予漫画选——三十年代到四十年代》,上海:上海人民美术出版社,1985年。

步平、荣维木主编:《中华民族抗日战争全史》,北京:中国青年出版社,2010年。

步平、王建朗主编:《中国抗日战争史》,北京:社会科学文献出版社,2019年。

高永中主编:《中流砥柱:中国共产党与抗日战争》,北京:中国青年出版社,2018年。

顾维钧:《顾维钧回忆录》,中国社会科学院近代史研究所译,北京:中华书局,1985年。

郭岱君主编:《重探抗战史·一:从抗日大战略的形成到武汉会战(1931—1938)》,台北:联经出版事业股份有限公司,2015年。

郭廷以:《近代中国史纲》,上海:格致出版社、上海人民出版社,2015年。

韩永利:《第二次世界大战与中国抗战地位研究》,北京:商务印书馆,2010年。

何虎生等:《抗日战争之中流砥柱》,北京:中国工人出版社,2015年。

何理：《中国人民抗日战争史》，上海：上海人民出版社，2005 年。

何应钦：《八年抗战之经过》，沈云龙主编：《近代中国史料丛刊》第七十九辑，台北：文海出版社有限公司，1972 年。

湖南省档案馆：《湖南抗战部分史料及照片》，《湖南档案》1995 年第 3 期。

蒋介石："蒋中正档案"，台北"国史馆"藏。

蒋介石：《蒋介石日记》（手稿），美国斯坦佛大学胡佛研究所藏。

蒋永敬：《蒋中正先生与抗日战争》，台北：黎明文化事业股份有限公司，1991 年。

金桂兰、韩旭东编著：《中国抗日战争 60 件大事》，北京：国防大学出版社，2005 年。

军事科学院军事历史研究部：《中国抗日战争史》，北京：解放军出版社，2005 年。

李文海等：《近代中国灾荒纪年续编 1919—1949》，长沙：湖南教育出版社，1993 年。

李新主编：《中华民国史》，北京：中华书局，2011 年。

李仲明：《抗日战争时期的中国文化》，北京：团结出版社，2015 年。

梁敬錞：《开罗会议》，台北：商务印书馆，1973 年。

梁敬錞：《史迪威事件》，台北：商务印书馆，1971 年。

吕芳上主编：《中国抗日战争史新编——和战抉择》，台北："国史馆"2015 年。

马骏杰：《中国海军长江抗战纪实》，济南：山东画报出版社,2013年。

潘洵、周勇主编:《抗战时期重庆大轰炸日志》,重庆:重庆出版社,2011年。

潘洵:《抗日战争时期重庆大轰炸研究》,北京:商务印书馆,2013年

齐锡生:《从舞台边缘走向中央:美国在中国抗战初期外交视野中的转变:1937—1941》,北京:社会科学文献出版社,2018年。

齐锡生:《剑拔弩张的盟友:太平洋战争期间的中美军事合作关系(1941—1945)》,北京:社会科学文献出版社,2013年。

强重华:《抗日战争时期重要资料统计集》,北京:北京出版社,1997年。

秦孝仪主编:《中华民国重要史料初编——对日抗战时期》,台北:中国国民党中央委员会党史委员会,1981年。

石源华:《中华民国外交史》,上海:上海人民出版社,1994年。

寿进文:《抗日战争时期国民党统治区的物价问题》,上海:上海人民出版社,1953年。

唐润明:《衣冠西渡:抗战时期政府机构大迁移》,北京:商务印书馆,2015年。

陶希圣:《潮流与点滴:陶希圣回忆录》,北京:中国大百科出版社,2016年。

王建朗、曾景忠:《中国近代通史·第九卷·抗日战争(1937—1945)》,南京:江苏人民出版社,2009年。

王建朗、黄克武主编:《两岸新编中国近代史·民国卷》,北京:社会科学文献出版社,2016 年。

王政:《抗战呐喊:民国珍稀史料中的抗日战争》,北京:人民文学出版社,2015 年。

谢本书、温贤美主编:《抗战时期的西南大后方》,北京:北京出版社,1997 年。

谢本书等:《云南近代史》,昆明:云南人民出版社,1993 年。

熊式辉:《海桑集——熊式辉回忆录(1907—1949)》,香港:明镜出版社,2008 年。

杨天石:《抗战与战后中国》,北京:中国人民大学出版社,2009 年。

杨天石主编:《中国近代通史》,南京:江苏人民出版社2007 年。

袁成毅、荣维木等:《抗日战争与中国现代化进程研究》,北京:国家图书馆出版社,2008 年。

张宪文、张玉法主编:《中华民国专题史·第十一卷·抗日战争与战时体制》,南京:南京大学出版社,2015 年。

张宪文主编:《抗日战争的正面战场》,郑州:河南人民出版社,1987 年。

张宪文主编:《中国抗日战争史(1931—1945)》,南京:南京大学出版社,2001 年。

张宪文主编:《中国抗日战争史》(共四卷),北京:化学工业出版社,2016 年。

张治中:《张治中回忆录》,北京:华文出版社,2007 年。

中国第二历史档案馆编:《抗日战争正面战场》,南京:凤凰出版社,2005 年。

中国第二历史档案馆编:《中华民国史档案资料汇编》第五辑第二编军事(二),南京:江苏古籍出版社,1998 年。

钟启河、刘松茂编著:《湖南抗战日志》,长沙:国防科技大学出版社,2008 年。

朱力扬:《中国空军抗战记忆》,杭州:浙江大学出版社,2015 年。

[美]埃德加·斯诺:《西行漫记》,董乐山译,北京:东方出版社,2005 年。

[美]白修德、(美)贾安娜:《中国的惊雷》,北京:新华出版社,1988 年。

[美]勃鲁司,《上海不宣之战》,上海:上海科学技术文献出版社,2015 年。

[美]约瑟夫·史迪威:《史迪威抗战日记——一个美国将军眼中的蒋介石及中国抗战》,骆伯鸿编译,长沙:湖南人民出版社,2013 年。

[日]池田诚编著:《抗日战争与中国民众——中国的民族主义与民主主义》,中国人民抗日战争纪念馆编研部译校,北京:求实出版社,1989 年。

[日]服部卓四郎:《大东亚战争全史》,东京:原书房,1965 年。

[日]户部良一:《日本陆軍と中国》,講談社,2011 年。

[日]石岛纪之:《抗日战争时期的中国民众:饥饿、社会改革和民族主义》,李秉奎译,北京:中国社会科学出版社,

2016 年。

[日]信夫清三郎:《日本政治史》,上海:上海译文出版社,1988 年。

日本防卫厅防卫研究所战史室:《昭和十七、十八年的中国派遣军》,高书全译,北京:中华书局,1984 年。

日本防卫厅防卫研究所战史室:《中国事变陆军作战史》,田琪之等译,北京:中华书局,1983 年。

日本防卫厅战史室编:《华北治安战》,天津市政协编译组译,天津:天津人民出版社,1982 年。

[英]拉纳·米特:《中国,被遗忘的盟友:西方人眼中的抗日战争全史》,蒋永强等译,北京:新世界出版社,2015 年。

后　记

中国人民伟大的抗日战争，是近代以来中国抗击外敌入侵的第一次完全胜利，洗刷了近代以来中国抗击外来侵略屡战屡败的民族耻辱。它是中华民族复兴的枢纽。

用通俗的方式，将学术界对抗日战争这段历史研究的成果介绍给社会大众，使抗日战争的史实与意义深入人心，是历史工作者义不容辞的责任，也是我的夙愿。1995 年，抗日战争胜利 50 周年之际，本人与好友李继锋教授合作，在辽宁美术出版社出版了一套 4 册的《抗日战争史》连环画，影响颇大，曾获辽宁省的"五个一工程"奖。20 年后的抗日战争胜利 70 周年之际，我以《中国人民伟大的抗日战争》为题，申请"教育部哲学社会科学研究普及读物项目"，幸获立项。

经过 5 年的努力，这本小书终于定稿，呈现给读者，也算是献给抗日战争胜利 75 周年，献给英勇抗日英烈们的一份薄礼！

此书是集体合作的结晶。赵晓红完成第一章的初稿；徐亮完成第二章的初稿，统一完善参考文献；钟健完成第三章初稿；陈红民完成第四章与结语。

本人是项目负责人，负责全书的立意、结构与写作风格的规划，对各章初稿进行了大量的删改与统一工作。各位作者在初稿基础上再次补充史实,润色文字。最后,由本人对全书进行统稿,完成定稿。可以说,我们的写作态度认真、严谨,是"三易其稿"。如果书中出现史实与表述方面的失误,由本人承担责任。

需要特别说明的是,按照项目的要求,我们努力做到史实准确,叙述形象,行文流畅,尽可能使读者喜闻乐见。为此,我们决定不用注释的方式来标注具体的史料出处,希望更多了解这段历史与相关细节的读者,可在参考文献列出的史料与论著中,找到答案。

用10余万字的篇幅尽量通俗、形象地反映抗日战争的全貌,殊非易事。我们的愿望很好,构思也不错,但实际写作过程中发现难以达到预期。一是抗日战争的历史波澜壮阔,涉及面广泛而复杂,许多鸿篇巨制的学术著作尚不能完全涵盖,何况是这本小书;第二个原因当然是我们还欠缺精准把握重大历史事件的能力,文字水平也有待提高。只能说,我们尽心尽力了。我们用与时俱进的表达来向社会大众传递学术研究成果的努力,不会停止。

期待着专家与读者的批评指正。

陈红民

2019 年 12 月 20 日于威尼斯客寓